企業に変革をもたらす
DX成功への最強プロセス

小国幸司
OKUNI KOJI

幻冬舎MC

企業に変革をもたらす

DX成功への最強プロセス

はじめに

今やＤＸ（デジタルトランスフォーメーション）は企業経営者にとって最も大きな関心事の一つといっても過言ではありません。２０２０年の新型コロナウイルス感染症の流行によるテレワークの普及などで急激に広がりを見せたＤＸは、今後企業が生き残るためのキーポイントといえます。

帝国データバンクが２０２２年に全国２万６４９４社を対象に行った「ＤＸ推進に関する企業の意識調査」によると、全体の15・５％の企業が実際にＤＸに取り組んでおり、「取り組みたいと思っている」と回答した企業は24・２％という結果が出ています。特に従業員１０００人超の企業では、実に47・８％の企業が実際にＤＸに取り組んでいることから、大企業を中心としてＤＸへの関心が高いことが分かります。

言葉の認知とともに、ＤＸに取り組んでいる企業が急増する一方で、ＤＸで大きな成果を残し、胸を張って「わが社はDXを達成した」といえる企業は多くないように思います。何を目標にDXをすべきか、どのような手段でDXを実行すべきか、DXの成果をどう評価すべきかについて明確な方針と基準をもてていない企業がたくさんあると考えます。

私は、1990年代のIT黎明期といえる時代にエンジニアとしてのキャリアをスタートしました。基幹系開発エンジニアや、外資スタートアップ企業の日本法人立ち上げを経験し、ビジネス開発支援や日本マイクロソフトでOffice関連製品マネージャーとして特に組織コミュニケーションなどを中心に、デジタル活用・推進の業務に携わってきました。そして2016年に会社を設立し、現在は企業へのITコンサルティングやシステム開発、プラットフォームづくりなどを通じてDXをはじめとする企業の課題解決に取り組んでいます。

これまでに多くの経営者と仕事をしてきましたが、ほとんどの人がDXは簡単にできるものだと認識しており、私がDXについて説明すると、そんなに面倒な工程があるのかと驚いていました。しかし、これは当然のことといえます。現在の日本のＤＸは言葉ばかりが先行して、デジタル技術を用いた企業文化や風土の変革というＤＸの本質について目を向けられることがありません。ＤＸはＩＣＴツールやシステムの導入を指すものではなく、どんな業務もあっという間に改善できる魔法の杖でもないのです。経営陣やＩＴ担当者の意識改革から始まり、目的の明確化、課題の棚卸し、ワークフローの細分化など非常に泥臭く、緻密な作業を繰り返し、そして施策が社員に定着して初めてＤＸが成功したといえるのです。

本書は、私がこれまでＤＸに取り組んだ企業の事例をベースに、成功させるために必要な工程やその手法を詳しく解説したものです。ＤＸを成し遂げるのは簡単なものではありません。しかし苦労が伴う分、その成果は企業に大きな変革をもたらすものになります。本書を通じて、読者の皆さんにＤＸの具体的なプロセスを伝えるとともに、得られる成果としての「変革」について伝えることができれば何よりの喜びです。

目次

第2章

多額の費用を投じても効果が出ない……
9割の企業が陥るDXの落とし穴

第3章

目的の明確化、課題抽出、ワークフローの細分化……泥臭い工程を踏んだフローと戦略策定でDXを成功へ導く

第4章

施策が社員に定着してこそDXのゴール
プロジェクト実行からICTツール活用までのポイント

第5章

検証、評価、改善を繰り返し、効果を最大化させる――DXにおけるPDCAサイクルの回し方

第1章

デジタル後進国日本——わが国におけるＤＸの実情

「2025年の崖」で焦る日本の経営者

今の日本の企業経営において、規模の大小を問わずデジタル技術を積極的に活用することが避けて通れない道であることは、経営者の共通認識であるといっても過言ではありません。特に2020年代以降に提唱されるようになった「DX（Digital Transformation／デジタルトランスフォーメーション）」においては、早く導入しなければと焦る経営者が増え始めています。

そしてその焦りに追い打ちをかけるのが、「2025年の崖」と呼ばれるタイムリミットです。この「2025年の崖」は2019年に経済産業省のDXに向けた研究会によって発表された報告書「DXレポート～ITシステム『2025年の崖』の克服とDXの本格的な展開～」で指摘されたものです。日本のあらゆる産業において複雑化・老朽化・ブラックボックス化した既存システムのままでは、2025年までに予想されるIT分野の人材不足や従来のシステム及びサポートが終了するといったリスクに対応できず、2025年以降最大で年間12兆円（2019年の約3倍）の経済損失が生じる可能性があると指摘されました。

さらにＩＴシステムの運用・保守の担い手が不在になることで、業務基盤そのものの維持・継承が困難になること、サイバーセキュリティや事故・災害によるシステムトラブルやデータ滅失・流出等のリスクも高まり、経営そのものにも影響すると警告されています。このため、とにかく２０２５年までに早くＤＸを実現しなければ生き残れないと焦る経営者が増えているのです。

神格化され過ぎているＩＴ業界

２０２５年までにＤＸの実現を目指す一方で、ＤＸの内容についてはＩＴシステムの開発を行うベンダーにお任せという日本企業が多いのも現実です。システムやアプリ、その他のデジタル技術の導入に多額の費用が必要なのは理解している一方で、ＤＸの内容や進め方について詳しくは理解できていないため、自社ではできないからＩＴベンダーにいわれるがままやるしかないと諦めている企業がほとんどです。

こういった現状の背景に、日本ではＩＴ人材の７割がＩＴ関連企業に偏在する傾向にあり（経済産業省・みずほ情報総研「我が国におけるＩＴ人材の動向」）、一般的なビジネスをする企業がデジタル技術に「よく分からないもの」「なんでもできそうなもの」「高価なもの」というざっくりとしたイメージを抱いていることが挙げられます。

１９６０年代からコンピュータの導入が徐々に広がり、１９８０年代にソフトウェアの開発が始まって成立した日本のＩＴ業界は、その他の業種からの無理解と期待によって成長してきたといっても過言ではありません。「よく分からないけどすごいものができる」「自分たちでできないものだから高価でも仕方がない」という神格化によって、開発するシステムには非常に高値が付き、その大きな利益を原動力として日本のＩＴ業界は成長してきたのです。システム開発が普及し始めた１９９０年代では、ＩＴベンダーの言い値でシステム導入の価格が決まるようなケースもよくありました。時には本質的な価値よりも高値が付く光景も見られたのです。

日本企業の姿勢もこのＩＴ業界の成長を手助けしてきました。これまで、多くの日本企業では自社でIT人材を雇用したり育成したりすることは稀なことでした。「よく分からないもの」を扱うために適切な人材を雇用したり、育成したりすることが社内では難しいと思われていたからです。また、高度経済成長を支えてきたものづくり産業を行う企業が多い日本においては、企業の本業についての研究・開発と、新たな専門性を必要とするIT分野を切り分け、外注することで業務の効率化を行うという側面もありました。IT産業が成長した時期は、日本が長い不況に陥った時期と重なります。本業とは関連のない業務を外注してコストカットを行うことは、合理的ととらえられたのです。このようにして、ITベンダーが顧客の要望に応じてソフトウェアの設計や運用・コンサルティングまでを丸抱えしてシステムの構築を請け負うSI（システムインテグレーション）モデルが日本で一般的になりました。

ほかの先進国では、日本のようにIT人材がIT関連企業に偏ってはおらず、およそ5～6割のIT人材はメーカーをはじめとしたあらゆる業界の企業に所属し、独自のシステム開発やITベンダーへの的確な指示を行うことで企業のデジタル活用を推進しています。多くの日本企業が行っている「よく分からないけど、役に立つものをつくってほしい」という丸投げの方法は、諸外国と比べると非常に珍しい運用だといえるのです。

DXはITベンダーの絶好の売り文句

IT業界をよく理解していない企業が多い状況では、「DX」という言葉はITベンダーにとって自社のツールを売るための非常に都合のいいものとなっています。「デジタル技術を活用してトランスフォーメーション（変革）できます」と言うだけで、2025年の崖までに何らかの成果を残さなければと焦る企業が多くの予算を割り当ててくれるようになったからです。

しかしDXと称され宣伝されているITツールを眺めてみると、その大半はとてもトランスフォーメーションを生み出すようなものには思えません。リモートワークを推進するためのセキュリティシステムや、社内承認を電子化するシステム、紙の書類をデータ化し管理するシステムなど、部分的な効率化システムのみが販売されているだけだからです。

もちろん、これらのシステムがＤＸにまったく貢献しないかといえば、そうではありませんが、最も大きな問題は、これらのツールを「ＤＸに役立つツール」として導入することでＤＸを成し遂げたという満足感を得て、本来求められている変革を行えていないことです。

ＤＸの本質は、デジタル技術を活用した効率化ではありません。組織やビジネスモデルの変革のためにデジタル技術を活用して実現し、企業が何かしらのメリットや利益、競争力を得ていくことを指します。つまり、主目的は「変革」なのです。ＩＴツールの導入はあくまで手段で主目的にはなり得ません。個人的には、企業が時代に合った組織やビジネスモデルに移行できる変革が行えるのならば、ＩＴツールは必須ではないとすら考えています。

この点から考えれば、現在のＤＸ実現の内実がいかに空虚なものか分かります。ＤＸに取り組む企業は年々増える傾向にありますが、その成果を得られているという声はあまり聞こえてきません。２０２０年に米ボストンコンサルティンググループが行った調査によると、ＤＸに成功したと回答した日本企業は、全体のわずか14％でした。世界各国の平均は30％となっており、日本企業は世界平均の半分以下の成功率となっています。ＤＸがＩＴツールの導入と同義として語られる環境にあっては、当然の結果といえます。

崇高過ぎる経済産業省のＤＸ推進策

企業によるＤＸの推進が迷走している一因は、「ＤＸ」という概念が理解しづらいという背景にも要因があります。「ＤＸとは何か」という問いに対して、最も多くの人が参照するのがＤＸの旗を振る経済産業省の定義です。

経済産業省は２０１８年に「ＤＸ推進ガイドライン（現・デジタルガバナンス・コード２・０）」を公表し、ＤＸについて定義を行いました。そのなかで、ＤＸは「企業がビジネス環境の激しい変化に対応し、データとデジタル技術を活用して、顧客や社会のニーズを基に、製品やサービス、ビジネスモデルを変革するとともに、業務そのものや、組織、プロセス、企業文化・風土を変革し、競争上の優位性を確立すること」と定義されました。現在、多くの企業がこの定義を拠り所としてＤＸを計画し推進しています。

一方で、この定義は非常に抽象的であるといえます。この定義だけで多くの企業が自社の行うべきＤＸ施策について把握できるとは思えません。そのため、経済産業省はＤＸ推進ガイドラインを発展させて「デジタルガバナンス・コード２・０」として改訂し、企業が行うべき取り組みの方向性を示しています。また、併せて自社の課題を自己診断するためのツールであるＤＸ推進指標や、ＤＸ認定制度を運用することで、企業が達成すべきポイントを明確かつ具体的に明示することでＤＸを推進しようとしているのです。

日本人および日本企業は、このようなチェック項目や認定制度を非常に好む傾向にあります。私はこれまで、デジタル技術を活用した働き方改革やテレワークの普及・推進活動のお手伝いを日本テレワーク協会や、その流れで厚生労働省、総務省の事業を通じて行ってきた経験がありますが、こうした取り組みにおいても多くの企業が自社の計画を策定するうえで、省庁や業界が定めたガイドラインの参照やチェック項目の達成、認定制度の活用を好んでいました。しかしこれらの項目はもちろん参考にはすべきですが、必達の項目や目標とすべきかについては疑問符がつきます。

省庁や業界団体が定める取り組みについての定義やガイドライン、認定制度などは、日本企業全体を見渡して得た問題意識を落とし込んだものです。対象となった日本企業のなかには、大企業もあれば中小企業もあり、伝統的なビジネスモデルと組織体制をもつ企業もあれば、斬新なビジネスモデルで急成長した創業間もないベンチャー企業も含まれます。ならば、その内在するデジタル環境やビジネス上の課題、組織運営についての問題意識は異なって当然です。そのため本来であればDXや働き方改革、テレワークについての取り組みについても、実施すべきか否かという段階から異なり、その内容についても多様であるはずなのです。ここまで考えれば、ガイドラインの順守やチェックリストの達成を第一目的とすることがいかにナンセンスかが分かります。

特に施策を実施する人的・資金的リソースの限られる中小企業においては、経済産業省の掲げるDX施策を忠実に実施することは難しいことが予想されます。また、複雑かつ頻繁に更新される経済産業省のDX施策について、キャッチアップを行う余裕はないという企業も多いはずです。その結果、メディア等でDXの声が盛り上がる一方で、焦りだけが蓄積している中小企業経営者は多くいるのです。

日本ではITはコストだがアメリカでは投資

特に中小企業経営者は、ＤＸの取り組みやデジタル技術の活用について「やらなければならないもの」「予算を確保しなければならないもの」というネガティブな考えをもっている人が多いです。これは、日本のデジタル技術の導入が世の中の動きや同業他社に追いつくために必要な経費としてとらえられてきたという背景があります。

もちろん、積極的にデジタル技術を導入してきた企業も多くありますが、日本企業のデジタル技術の導入は「他社がやっているからうちも」という発想になりがちです。この理由は、日本ではデジタル技術の導入の目的が革新よりもコスト削減や業務効率化に焦点が当てられてきたからです。

コスト削減や業務効率化は非常に分かりやすいデジタル技術の活用方法です。多くの企業に共通する非効率な作業を解消するために開発されたＩＴツールは、購入する企業側からすれば、人件費削減や業務時間短縮などの効果が分かりやすく示されています。また、多くの企業が導入していればしているほど、導入後の運用や効果についても安心できます。開発したＩＴベンダーにとっては同じツールを多くの企業に導入すれば効率的に利益が得られるうえ、導入企業が増えれば増えるほどツールに対する信頼感とブランドが形成され、よりいっそうの売上が得られるという利点があります。

企業独自のシステム開発についても内情は同じようなものです。日本の社内システム開発の多くは時代の変化に追いつくため、とりあえず他社と同様のＩＴ技術の導入ができればいいという程度で行われることが多いと感じています。このため、システム開発においてもＩＴツールと同様に基本構造は共通していることが多いのです。基本構造は同じでありながら、その企業の文化・習慣に合わせた「アレンジ」を加える形で提供するものが「システム開発」だという場合も日本の開発現場ではよく見られます。

一方で、アメリカおよび多くの先進国のグローバル企業においてＩＴは他社に打ち勝つ競争力を得るための投資としてとらえられています。電子情報技術産業協会が行った

「2020年日米企業のDXに関する調査」によれば、米国でのIT投資の目的は「ITによる顧客行動／市場の分析強化」「市場や顧客の変化に対する迅速な対応」「ITを活用したビジネスモデル変革」などが上位に挙がります。「事業内容／製品ライン拡大による」「利益が増えているから」「会社規模が拡大したため」を理由として挙げる割合も日本と比較して高く、業績や企業規模の拡大とIT投資が密接に連携している様子も見てとれます。

このように、日米のIT投資の目的は大きく異なっています。日本におけるIT投資は、「投資」という言葉が使われながらも、その意図は支払った金額に見合うリターン（＝コスト削減、業務効率化）を得ようとする「コスト」の考え方だといえます。そのため、IT投資を行うときには予算を組む際、支払う金額に見合うリターンが得られるか否かが厳密に検証される傾向があります。一方で、米国におけるIT投資はその名のとおり「投資」的な側面が強く、リスクをとりながらも支払う対価以上、もしくは数倍、数十倍の効果や競争力を生み出す目的で行われます。

ＩＴを「投資」ととらえる風潮はアメリカに限らず、日本以外の先進国のグローバル企業に共通しています。デジタル技術をコスト削減・業務効率化に活用する時代は、世界的にはすでに過去のものとなりました。その意識をいまだもち続けている日本は、まさにデジタル後進国といってよい状況にあるのです。

第2章

多額の費用を投じても効果が出ない……9割の企業が陥るDXの落とし穴

イメージと用語先行で進むＤＸの認知

今や「ＤＸ」は、ビジネスパーソンであれば誰もが耳にしたことがあるキーワードとなりました。朝日新聞の記事によると、グーグルトレンドで分析した「ＤＸ」検索推移は２０１７年以降上昇傾向にあり、さらに近年は１年間のうち、新年を迎えた１月の第１週に最も多く検索されているということが分かりました。これについて、朝日新聞はさまざまな企業や団体のトップが年頭の挨拶で「ＤＸ」という言葉を使うためと推測しています。ＤＸは今や日本の経営者の流行語のような位置づけになっているのです。

日本において、新型コロナウイルス感染症が流行し始めた２０２０年頃から企業のリモートワーク導入が進み、デジタル技術の活用が企業にとって身近なものになりました。その後、２０２０年に菅 義偉が内閣総理大臣に就任するとデジタル庁の発足が発表され、経団連も２０２０年に提言「Digital Transformation（ＤＸ）～価値の協創で未来をひらく～」を発表するなど、デジタル技術の活用やＤＸの推進は今や官民挙げての取り組みになりつつあります。最近は多くの会社に「ＤＸ推進」と名が付く部署やプロジェクトチームができたという話題もよく耳にします。

しかし、企業経営者や企業のDX担当者と話をしてみると、「DXとは何か」についてはっきりとした答えをもっている人は多くありません。「デジタル技術を使って何かすること」ということはおぼろげに分かっていても、具体的に何をするかについては考えが至っていないことが大半です。また、経済産業省の定義などを読み込んではいるものの「それは御社にとってどんなことですか？」と尋ねると答えに窮する人が大半です。用語である「DX」が急速に市民権を得て、企業によっては予算がついているにもかかわらず、その内容について大半の人が理解していないという摩訶不思議な状況が、現在の日本におけるDXを巡る環境だといえるのです。

DXとはいったい何なのか

なぜDXについての理解が錯綜しているかというと、多くの人が専門家やメディアが発信するＤＸについての説明について、腑に落ちないと思っているからだといえます。今やＤＸに関する情報は溢れているといっても過言ではありません。それどころか、さまざまな商品やサービスがＤＸの名のもとで宣伝・販売されるようになった結果、その解釈が乱立している状況です。

この混乱した状況で、企業が真のＤＸを成し遂げるために行うべきことは何かというと、その定義を追い求めることではないと私は考えます。もともとＤＸとは２００４年にスウェーデンの情報学者であるエリック・ストルターマンが論文内で提唱したもので、その定義も「情報技術の浸透が、人々の生活をあらゆる面でより良い方向に変化させること」程度のものでした。その後ストルターマンは２０１６年に、日本の組織や文化、ＤＸの進捗を踏まえたうえでＤＸの定義を以下のように再提示しています。

【民間のＤＸ】

デジタルトランスフォーメーション（ＤＸ）は、企業がビジネスの目標やビジョンの達成に向けて、その価値、製品、サービスの提供の仕組を変革することである。ＤＸは顧客により高い価値を提供することを通じて、企業全体の価値を向上させることも可能にする。ＤＸは戦略、組織行動、組織構造、組織文化、教育、ガバナンス、手順など、組織のあらゆる要素を変革し、デジタル技術の活用に基づく最適なエコシステムを構築することが必要である。ＤＸは、トップマネジメントが主導し、リードしながら、全従業員が変革に参加することが必要である。

（株式会社デジタルトランスフォーメーション研究所ホームページ）

この定義から分かることは、ＤＸの目的が企業の「ビジネスの目標やビジョンの達成」であることです。そのために企業に内包する仕組みについて最適な形態に変革するための手段として、デジタル技術を用いたシステムの構築を実施すべきと提唱しているのです。決してデジタル技術を導入することがＤＸではありません。

デジタル技術の多くは複雑な工程をシンプルにするという効能をもっています。これまでに要していた複雑で数多い工程を、簡略に少ない工程で達成することもその設計次第では可能になるかもしれません。そうして早期にビジネスの目標やビジョンを達成することができれば、企業の成長スピードは上がり、良いサイクルが生まれるのです。

ここから考えれば、すでにビジョンや目標に向かって邁進できている企業は、あえて新たにＤＸに取り組む必要はありません。ＤＸというと、最新のＡＩ技術や情報分析技術を取り入れなければならないと考える経営者や企業の担当者は多くいます。しかしそうした技術が不要であれば、無理に流行を追って取り入れる必要はなく、あくまで、自社の目標やビジョン達成のために、現段階の予算と技術水準で無理のないものを選びとれば良いのです。

こんなふうにいってしまうと、真面目な日本人は「いい加減だ」と感じるかもしれません。しかし、日本のみならず、海外の情報にも触れ自分なりに本質を分析してきた私の経験を振り返っても、日本企業の用語や定義、概念に対する細かさ、「最新のものを取り入れなければならない」という強迫観念は過剰だと感じます。

１９８０年頃までのように、日本企業が世界市場のメインプレイヤーだった時代には、世界的な競争がそのまま日本企業同士の競争と同じ意味合いをもっていたため、日本企業らしい厳密さや品質追求で勝負すればそれで良かったのかもしれません。しかし近年の日本企業の影響力低下を鑑みると、過剰な対応をし過ぎたために日本企業はかえってグローバル市場のなかで競争力をなくしてしまっているのではないかと感じます。

経済産業省が提示している定義やガイドラインは、専門家と官僚が最新の知見を踏まえてまとめたものであるため、正しいことは確かです。しかし、この内容について自社に反映させることをうまくイメージできないようであれば、無理に合わせる必要はないのです。

理解できないまま丸投げにするクライアント

DXの本質をつかめず、経済産業省やさまざまな企業が提唱するDXの定義を鵜呑みにした経営者が行いがちな手法が、ITコンサルティング企業やITベンダーに自社のDX施策を丸投げにすることです。自身もよく理解できておらず、納得していないまま「DX」と名の付く施策を提案させ、DXを実施したというアリバイ作りをしようとするのです。こうした行動では、提案された施策が幸運にも自社の課題に合致している場合以外は、良い結果にはつながりません。

この丸投げ方式の発注は、企業規模に限らず日本では広く行われています。依頼する企業の側としては、提案された内容から選び、注文をつけて自身の満足する内容に仕上げていけば良いだけなので、自社で深く考える必要がありません。他方で、依頼されたＩＴコンサルティング企業やＩＴベンダーとしては依頼側に推したい製品やサービスを自由に組み込んで提案できるので、自社にとって都合のよいプランから選びとらせることができます。つまり、丸投げ方式には依頼企業と商品・サービス提供企業が業務を進めるという体面上はｗｉｎ-ｗｉｎとなる構造があるのです。しかし、この結果として得られるのは、依頼側の課題意識に応じた目標達成や効果の獲得ではなく、小手先のコスト削減や効率化に過ぎないのです。

ＤＸは企業の目標やビジョンの達成に向け、価値、製品、サービスの提供の仕組みを変革するものです。企業の目標やビジョンを整理することなく、施策をコンサルティング会社やＩＴベンダーに丸投げすることは本来あってはならないことです。ＤＸにおいてまず必要なことは、依頼側自身の状況と社会の情勢をよく知り、目標やビジョンを明確に整理することなのです。

整理を自社で行うことが難しければ、外部の事業者の手を借りても構いません。世間には企業のミッションやビジョン・バリューなどの整理に特化したコンサルタントが数多く存在します。彼らの手を借りて、まずは目標やビジョンを明確に定め、それに即した施策を行えば、その施策は体系だった有効なものになるはずです。

ツールを魔法の杖と勘違いする経営者

日本の多くの企業が丸投げ方式でＩＴコンサルティング企業やＩＴベンダーに提案を依頼してしまう行動には理由があります。他社と同様のツールを導入しておけば、一定の効果を得られ、効率化を成し遂げられたという１９９０年代の成功体験があるからです。

|図表１|　これからの時代に求められる要素

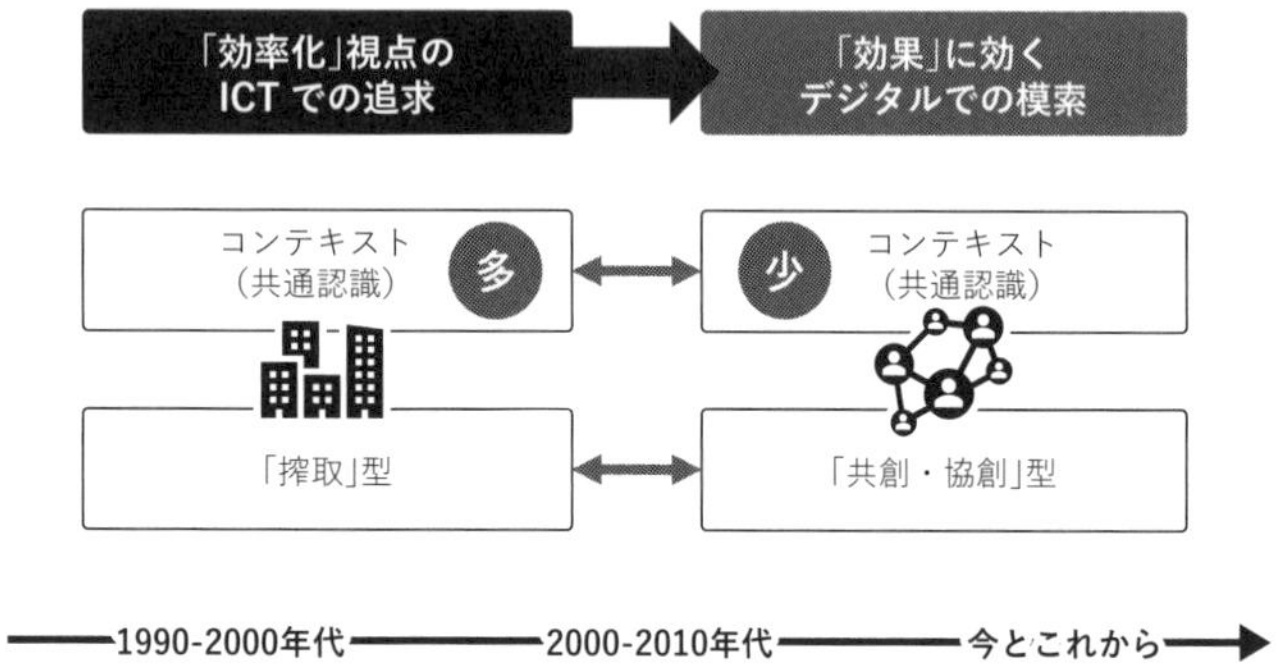

１９９０年代の企業運営は、終身雇用と年功序列制が保証された日本型経営が広く行われていました。そこでは、従業員間の共通認識を指すコンテキストが多いことが特徴でした。強固な企業文化が成立しているため、上長が特定の場面で「あの部品」と言えば、部下が正確な部品を持ってくるような阿吽の呼吸により業務が行われていました。加えて、日本型経営の条件下では会社側が労働者よりも強い立場であったため、得た労働力をいかに利益に転換するかが焦点になっていました。

この時代には、単なる情報共有が大きな価値をもっていました。ＰＣやメールソフトの導入、顧客管理のデジタル化が労働力の削減に大きく貢献しました。企業はより少ない人員で効率的に事業を運営できるようになり、集約した労働力をより効率的に利益に転換できるようになったのです。

このような時代の成功体験をもっている企業や経営者は、単にツールを導入することで大きな効果を得られると考えがちです。最新のテクノロジーは業務における非効率を廃し、従業員の労力を削減できると考えてしまうのです。いわば、ツールを「魔法の杖」ととらえているのです。

一方でこれからの時代は、従業員間のコンテキストが少ない時代です。多様性が重視される現代においてはグローバルな人材や、異なる専門性やバックグラウンドをもつ従業員が協業することで、革新を生み出していくことが重要視されています。また、転職が当たり前になり、以前のような阿吽の呼吸はさほど求められなくなったため、従業員はこれまで培ったキャリアや経験を武器に会社と渡り合えるようになりました。労働力を提供するというよりは、そのキャリア・経験に基づいて企業のもつ技術やノウハウを伸ばす共創・協創型の働き方により何かしらの「効果」を生むことが求められるようになったのです（図表１）。

この時代に求められるデジタル技術は、コミュニケーション領域に限っても1990年代とは大きく異なります。コンテキストが少ない従業員には、情報が端的に把握でき、データが容易に取り出せる技術が求められます。また、企業の業態や文化に合わせたコミュニケーションツールが数多く生み出されているので、自社に適した機能のものを選びとり、組み合わせて活用することも求められます。もはや現代においてツールは単なる手段であって、導入と同時に目的が達成されるような代物ではなくなったといってよいのです。

組織の意識や文化になじまない柔軟性の低いツールを選択してしまった場合は、別の要件が発生してしまうと新たにツールを選定しなければならず、業務を複雑化させる要因にもなりかねません。ツールの選定には多くの場合、コストが判断基準になりますが、複数のツールを使わざるを得なくなった場合はコストを重視して検討したはずなのに、中長期の結果を見るとかえってコスト増になる場合もあるのです。

例えば、「ペーパーレスにしたい」という目的に対して、1990年代的なアプローチを行うと、スキャナーを導入すれば目的は十分に果たせます。紙でしか管理できなかった情報が電子データとなり、即時に多くの人に共有できるので、十分効果はあると判断できます。一方で、２０２０年代のビジネス環境でペーパーレスを実施する場合には、スキャナーの導入だけでは不十分です。

現代のビジネス環境でペーパーレスの効果を確実に得るためには、その組織が紙をなくしたいと考えた背景まで詳細に把握することが欠かせません。そのうえで、スキャンデータの管理をどうするか、スキャンデータが紙と同等の役割を果たせるか、スキャンデータ蓄積の先に読み取ったデータを分析しビジネスに活かすデータビジネスを見据えるべきか否かなど、さまざまなポイントについて検討したうえで社内でのオペレーションを改革し、適切なツールや機械を導入する必要があります。この工程をなくして無理やり前時代的なアプローチでペーパーレスを実施しようとすると、紙媒体を代替したスキャンデータが適切に管理されず検索性が落ち、知りたい情報を探すことができないという機会損失が生まれ、紙が果たしていた目視のチェックのしやすさも失われるという大損失が待ち構えています。

デジタル技術を活用し何か変革を成し遂げるためには、「こうしたい」と直感的に考えた背景にある複雑な要因を解きほぐし、その要因に対する対処を一つひとつ考え、それを適切なビジョンや目標としたり、実施策として落とし込んだりしていく必要があるのです。

ビジョンなきＤＸで会社中が混乱

このように自社の課題を分析することなく、何かしらのツールを導入すればデジタル技術導入の恩恵が得られるだろうと考える経営者がＤＸ導入を進めると、ＩＴベンダーなどの担当者を指名してＤＸを推進させたりした場合に、多くの企業では施策の実行の混乱や低迷が起こりがちです。自身に何もアイデアがないまま、実行しようとしたり部下に指示を出したりすることもありますし、何らかのＤＸ本を読んで感銘を受けた経営者がそのとおりのＤＸを実施しようとしたり、担当者に書籍を渡して実行させようとしたりする光景もよく目にします。これらは、経営者自らがビジョンや目標を模索することなく思考停止の状態であることの好例です。

思考停止の状態でDXプロジェクトが進んだ場合、往々にして起こるのは、受注側の担当者による経営者や発案者への忖度です。その企業の問題意識や課題に向き合うことがなく、強い発言権を有する人の満足する内容でデジタル技術を導入しようとすると、多くの関係者が納得感を得られないまま多くの事項が決定されていきます。その結果、当初は華々しく新しい技術の活用が謳われたものの、その内容は業務構造や現場の実務から離れたものとなり、新しいデジタル技術が従業員に浸透しないまま放置されるという失敗パターンが今、日本全国で発生しています。

DXが必要とされる多くの企業において、一般に従業員は新しい試みに協力的ではありません。現状の安定している業務をわざわざ変えることに抵抗がある従業員もいますし、デジタル技術の導入により自身の仕事が奪われると感じる従業員もいます。その理由は状況や環境によってさまざまですが、従業員一人ひとりにその施策を導入することで「良いこと」がもたらされるという納得感が得られない限り、協力を得ることは難しいのです。また、新しい施策は当初は従業員の関心を得て積極的に実行される場合もありますが、効果が実感できない状態が長く続くと、従業員の間に失望が広がって施策が停滞する場合もあります。

導入した新しい技術やツールが使われなくなる程度で済めばまだ良いのですが、場合によっては技術やツールに合わせて新しく業務や作業工程を見直すことに多大な時間をかけ、その結果、現場が混乱してかえって業務に支障をきたすこともあります。ビジョンなき「とりあえずＤＸ」は従業員の労力を無駄にするだけでなく、効果どころか混乱を引き起こします。ＤＸで何らかの変革をもたらすためには、まず自社のビジョンや目標を明確に定義し設定したうえで、従業員の納得を得ることが欠かせないのです。

「結果が出ないからＤＸはいらない」という誤解

ビジョンや目標の設定を十分に行わず、従業員の納得感を得ないままＤＸを推進した経営者は、停滞や失敗をしたときに「ＤＸを行ってもわが社では結果が出ない」と安易に考えがちです。こうした経営者の多くは「DXしなければならない」という問題意識があると、まずはDX施策を実施するために有名なツールを探します。その結果Web記事などで掲載されている価格や性能の比較表などを基に利点が多そうでコストが安いツールを選定し、華々しく導入します。これは、中小企業で頻繁に見られるDXのアプローチです。

このアプローチの結果、大半の場合はツールをうまく活用できずにだんだん使われなくなります。その場合の対処として追加の機能をもつツールなどが導入されて巻き返しが図られますが、多くの場合に本質的な解決とはならず経営者のフラストレーションが溜まります。こうした事態に陥ると「DXは失敗した。わが社には合わない。二度とやらない」という結論に至ってしまうのです。

しかし、このように結論を安易に出してしまうことは、日夜デジタル技術が進歩し、非常に速いスピードで社会情勢が移り変わるなかでは非常に危うい考えだといえます。施策に失敗することは、どんな計画においても起こり得ることです。しかし、失敗をすることで「やらない」と結論付けて思考停止をしてしまうことは、非常に残念なことなのです。

デジタル技術の活用は変革には避けて通れない道

現在、デジタル技術はすさまじいスピードで進化を遂げ、日夜数多くのシステムやソフトウェア、アプリケーションなどのツールが生まれています。多くの課題はその内容を紐解いて分解すれば、その一つひとつの大半はデジタル技術で解決でき得る問題だといっても過言ではありません。

例えば、上司と部下の信頼性を構築するための課題は非常に非デジタルなアプローチのように思われます。しかし近年では、組織のなかで自分の考えや気持ちを誰に対してでも安心して発言できる状態である「心理的安全性」の考え方が流行しており、多くの経営者の注目を集めています。この人間同士の直接的・心理的な関係性構築やチームアップの問題についても、今やデジタル技術によるアプローチと貢献が可能であり、こうした試みもＤＸの範疇となるのです。

例えば、職場のＡさんが社内の人間関係においてトラブルを抱えた場合に、20年前であればＡさんと関係者の社内ＳＮＳツールの会話の履歴を集めて検証・分析するというアプローチは考えもつかないものでした。しかし、現代ではＳＮＳツールを導入し、できる限り社内でのやりとりを履歴として残すよう運用すれば、問題の要因を定量的に調べ、分析することもできます。これは日常のトラブルとは少し異なる例ですが、実際に企業の不正調査の現場では、社内のメールや業務で使用しているＳＮＳのデータが収集され、ＡＩを使って不正の工程や証拠を発見するアプローチが活用されています。

こうしたアプローチができると理解すれば、デジタル技術の活用で硬直した社内の業務運用を柔軟にできる可能性があります。例えば、日々やりとりされる情報量が多く、非常にチームワークが重視される業務であっても、社内ＳＮＳツールの導入と運用のルールを工夫すれば社員の出社を義務化せずリモートワークを許容することも可能なのです。

一般的に、コミュニケーションは対面で行うことが最も円滑で情報量が多く得られるといわれています。リモートワークなどを取り入れると、どうしてもコミュニケーションが減少し、リモートワークの割合が多い社員は出社している社員と比べて成果が低くなる傾向があります。しかし、この結果から単純に「成果を出すために全員の出社を義務付ける」と結論を出すのは、今の時勢とかけ離れた考え方ともいえます。

働き方についての価値観が多様化した現在では、出社を重視する社員がいることはもちろんのこと、住環境の充実を求めて地方での居住を希望する社員、子育てや介護のため在宅での就労を希望する社員など、働く環境についてのさまざまなニーズがあります。企業が人手不足の環境のなか自社の競争力を得るために能力と経験値が高い働き手を確保するには、こうした働き手のニーズを汲み上げる必要があるのです。

例えばこのニーズの汲み上げのために必要なのは、出社を必須としないコミュニケーション充実のための方策です。この方策については、自社のビジネスモデルや社風などを考慮して各々の企業が考えなければなりません。別の企業でうまくいった施策がそのまま自社に応用できるものではなく、自社に適した方策を考え、試し、修正して繰り返すことで、真のデジタル技術の活用の成果が出るのです。

このような工程は、手間がかかり苦労を伴うものですが、企業が現代的なビジネスモデルや価値観に合わせて生まれ変わるためには避けて通れないものです。すでに日常にデジタル技術が浸透した今日では、デジタル技術を活用しない旧来の業務モデルは、従業員や労働者候補からは魅力的に映らず、非効率さを感じるものとなりつつあります。当然できるはずのデジタル技術を活用していないことは、取引先からも非効率に映り、競争力を失う要因にもなりかねません。

デジタル技術の活用はシステムやソフトなどのツールを導入して終わる簡単なものではありません。しかし、デジタル技術の進歩により企業の問題や課題を解決する手法が格段に増えた現在において、環境のアップデートは当然行わなければならないものになったのです。

必要なのはツールではなく経営者の意識改革

このデジタル技術の活用のためにまず必要なのは、自社に合ったツールの模索ではありません。経営者や部門リーダーの意識改革です。会社の方針や社風は経営者やリーダーの考え方に大きく左右されます。その考えが旧態依然としたものでは、たとえ自社に適したツールを導入したとしても使いこなすことは難しいでしょうし、そもそもツールの選択を誤る可能性があります。

旧態依然とした考えとは、デジタル技術そのものを拒んでいるような考え方に限りません。多くのツールを使っている企業でも、ツールを手段として考えず主役として扱い、ツールの力ですべてを解決するような発想の場合も時代に取り残されている状態だといえます。これは１９９０年代からしばらく続いたデジタル技術による業務効率化的な発想から抜け出せていない考え方だからです。現在、経営者や部門リーダーに求められている発想は、デジタルを活用した効率化から一歩先に進んだものなのです。

経営者や部門リーダーに求められる発想とは「時代に合った価値を創出する」という

ものです。価値を創出する場は、社内の従業員に対してでも、社外の顧客に対してでも構いません。組織内外でのデジタルに関する自社との適合度合い（フィット）と乖離（ギャップ）を取り除き、新しい価値をいかに生むかについて思考することが経営者やリーダーに求められているのです。人の価値観はデジタル技術に触れる時間が長くなるにつれて変化してきました。その価値観の変化を振り返り、対応していくことで「新たな価値」は生み出されるのです。

とはいえ、「新たな価値」については難しく考える必要はありません。それはトレンドを追うことと同様だと考えて構わないのです。例えば、近年は流行するJ-POPのイントロ（導入）部分が短くなったといわれています。このため、音楽プロデューサーや作曲家はこのトレンドを真摯に受け止めて曲作りを依頼・実行する必要があります。トレンドを追ううえで重要なことは、トレンドの背景を適切に理解することです。J-POP歌謡曲のイントロが短くなった背景としては、多くの人がJ-POPを聴く際に音楽ストリーミングサービス（音楽聴き放題サービス）や、YouTube、TikTokなどのアプリを使用するようになったという行動変容があります。これらのサービスでは、

「つかみ」と呼ばれる見せ場がなければ、聴き手がすぐに次の曲にスキップしてしまうといわれています。ストリーミングサービスや動画アプリでは視聴時間が収益に直結するため、できる限り視聴者の心を早くつかみ、長く聴いてもらう工夫をしなければならないのです。

同様のトレンドのキャッチアップはさまざまな企業で行われています。文房具メーカーのコクヨは議事録等の共有・デジタル管理の需要の高まりを受けて、手書きメモをデジタル変換するノートを販売するようになりました。商品・サービスについての顧客の意見をよりいっそう集めるためにテキスト入力ではなく音声入力をアンケートの回収に使う企業も増えています。これは、若年層は文章を考えながら記入するよりも録音するほうが心理的負荷は低い傾向にあるという時代背景に即したものです。

これらの試みは斬新ですが、デジタル技術上での実現は難しいものではありません。手書き文字を読み取り電子テキストデータに変換するOCR入力も録音ファイルをテキスト化したデータ蓄積もすでに技術として確立されているものです。重要なことは、顧客の声を大事にし、新しい成果を出そうとしたところにあるのです。

このように新しい成果を出すことを目的としてツールを使うことを検討している企業は実はさほど多くはありません。多くの経営者や部門リーダーはこのクリエイティブな作業を行う時間がないと返答したり、自社の社員にその資質がないと嘆いたりします。しかし、インパクトのある結果を出す企業は、その新しい成果を出すために試行錯誤をしているのです。

一方で、このトレンドを追うという行為については、バズワードと呼ばれる、流行語に単純に乗るという意味ではないことに注意が必要です。近年では「メタバース」という概念が流行したために、経営者や部門長がメタバースプロジェクトを実行するようにと指示し、自社の適性を深く考えずインターネット上の仮想世界・仮想空間に店舗やサービスを展開するという事象が至るところで見られました。しかし、これは単なる思考停止の行動であり、メタバースのトレンドの本質を理解していない取り組みといえます。

本来、メタバース空間のビジネス利用には、仮想空間上の経済形態の変化という側面があります。これまで仮想空間上のデジタルコンテンツにおける商取引は、提供側が商品やサービスをコントロールし、消費者側が権利をもつことはできませんでした。例えば、購入した電子書籍などは提供企業がサービスを停止してしまった場合は、閲覧ができなくなるという事象が頻繁に起こっていました。この条件下では、サービスの提供者である企業が消費者に対して非常に強い立場にあったといえます。

これに対し、メタバースの世界では、資産価値をもつ代替不可能なデジタルデータであるＮＦＴ（Non-Fungible Token：非代替性トークン）を活用することで消費者は購入した商品の権利をもつことができます。こうなると、仮想空間でも現実社会と同様に、購入した商品について企業や第三者と価値の交換をすることが可能になります。この特性を理解したうえで検討すると、メタバースに進出することで、消費者にメリットを提供できる企業や商材は限られていることが分かります。

このように、いま経営者や部門リーダーに求められていることは、時代の流れの本質をつかみ、自社の行くべき道について考えることです。確かに、本質について思考し、自社の先行きについて戦略を立てることは簡単なことではありません。だからといって、安易に流行のキーワードやツールに飛びついてしまっては、本質的な施策を行えず無駄な労力と予算をいたずらに消費することになりかねません。時代のトレンドや流行語には必ず背景があります。必要なことはその本質を理解し、自社の環境に落とし込み、競争力の芽を見つけ出すという地道な作業を行うことなのです。

第3章

目的の明確化、課題抽出、ワークフローの細分化……泥臭い工程を踏んだフローと戦略策定でDXを成功へ導く

|図表2| アムンセン隊とスコット隊の条件

スコット隊		アムンセン隊
■保温性のある最新の牛革 ■速い馬たくさん	装備	■アザラシなどの安い革 ■犬ぞり
南極点到達 ＋地質調査など複数	目的	南極点到達
可変	1日に進む距離	必ず20マイル

アムンセン隊とスコット隊の南極点到達プロジェクト

ＤＸの工程に非常に似通っていると思われる事例があります。１９１１年に前人未到の地である南極点に向けて探検を繰り広げたノルウェーのアムンセン隊とイギリスのスコット隊のゴールへのアプローチの手法です。

ノルウェーのアムンセン隊は南極点に到達したうえで全員が生還しましたが、イギリスのスコット隊は南極点に到達したもののその帰途で全員が死亡するという惨事に見舞われました。この成功と失敗のエピソードには、ＤＸプロジェクトを進めるうえでの多くの示

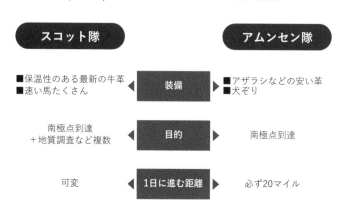

唆が含まれています。

それぞれのチームは、図表2の条件で南極点への到達を目指しました。ノルウェーのアムンセン隊は、当時一般的に流通していた装備をできる限りそろえましたが、目的はあくまでも「南極点到達」の一点に絞りました。旅程については、毎日20マイル（約30キロ）と設定し天候や環境に関係なく毎日同じ距離を達成することだけを目指したのです。一方イギリスのスコット隊は最新の装備を十分にそろえ、複数の目的を達成する細かな計画を立て、旅程も天候や環境に応じて柔軟に変更できるようにしていました。

結果、南極点到達と隊員全員の帰還を果たしたのは、ノルウェーのアムンセン隊のほうでした。当時のイギリスの国力を後ろ盾に最新の設備を備えたスコット隊は一見成功しそうに見えますが、生還することができなかったのです。

アムンセン隊は、装備に関しては組織に合った背伸びのない選定を行ったことが功を奏したと考えられます。当時の最新装備である保温性のある牛革は利点もありましたが、雪に濡れると非常に重くなるというデメリットがありました。それほど牛革が普及していなかった当時はそのデメリットがよく知られていなかったのです。これは現代のデジ

|図表3| DX成功のための考え方

- 背伸びのない選定
- 「北極星」の設定とチームへの浸透
- 着実に実行できる一歩一歩

タル技術に通じるものがあります。あまり最新のものを取り入れようとし過ぎると、多くの導入事例が蓄積されていない状態であるため、リスクが生じるうえ、導入企業が使いこなせないという事態も発生します。ＤＸのデジタル技術の導入においても、背伸びをする必要はないのです。

目的に関しては、「北極星」となる揺るぎない明確な指針を設定し、その内容をチームに浸透させることができたのが成功の要因となりました。ゴールや達成すべきことを複雑に設定すると、チームメンバーの意思の統一が難しくなり、プロジェクトを進めるうえで意見の相違や諍《いさか》いが起きがちになります。これを防ぐためにも、分かりやすい目的を明確に定め、意思の統一を図ることが必要なのです。

１日に進む距離に関しても、壮大な目標に向けて柔軟なアプローチを可能にする手法よりも、着実に実行できる一歩一歩を設定することが必要です。勢いが乗っている段階では、人はいろいろなことに取り組みたくなります。特にプロジェクトの初期は華々しい取り組みを行い、大きな成果を出したくなりがちですが、その欲求を抑えてチームの皆が着実に達成できる一歩を刻むことが重要なのです（図表３）。

成果が出る施策には泥臭い工程が必要

経営者や部門リーダーが自社にとっての「時代に合った価値」を考えなければならないと提唱すると、最初は多くの従業員が困った顔をします。「抽象的で面倒なことを言われているぞ」と感じる人が多いのです。この印象は間違っていません。ＤＸで求められている思考や戦略の策定、その実行はすべての過程が面倒臭く泥臭い工程だらけだからです。

一般的にデジタル技術の活用に対してのイメージは、何かしらのツールを導入することにより自動化され、労力が減り、面倒なことから解放されるというものです。これに対して、DXに必要な工程は複雑な検討と分析が求められ、労力がかかり、ストレスフルな人間関係の調整が必要です。DXを実施するに当たっては、まずは前提となる認識を改める必要があるのです。

そしてDXについての答えの大半は組織の外ではなく中にあります。要は、現場にしか答えはないのです。この点について真摯に考えている経営者もいれば、目を逸らしている経営者も少なくありません。

組織の中から自社の目指すべき方向性や課題を抽出し、進むべき方向を見いだすことは簡単なことではありません。すでに当たり前となっているワークフローや慣習を疑い、それらが行われている背景を人との対話から引き出す必要があります。これは非常に骨の折れる作業です。あるワークフローに課題を感じたとしても、その運用が行われるようになった背景について、担当者や古参の社員から情報を集めたり資料を掘り起こしたりすると労力が多大にかかります。時には誰もその運用の背景について知らなかったり、資料が散逸していたりして、検証が行き詰まることもあるかもしれません。

このように、組織の状況を綿密に調査し何かしらの答えを導き出すことには非常に多くの時間を要します。そのため、経営者や従業員はもちろん、社外のコンサルタントやベンダーなどもこの作業を避ける傾向にあります。そこで便利に使われるのが他社事例です。「ほかの事例だとこうなりました」という具体的なものがあれば、自社の分析を行う必要はなく、その後の方針を考える必要もありません。誰しもが分かりやすい具体的なプロセスが目の前にあれば、社内での説明も楽になります。しかし、これは単なる逃げであって根本的な解決ではありません。社内や現場から課題や改善点、その解決策を見いだすという泥臭い工程を避けて通ることはできないのです。

許されない経営陣の丸投げ

経営陣や部門リーダーなどの責任者はＤＸをはじめとする社内の変革について積極的に関与しなければなりません。その理由は、変革を行う工程で発生する反発や否定的な意見を乗り越えなければならないからです。

変革を行う際には、必ずその案自体や細部の計画に異論を唱える関係者が出ます。また、変革の工程では一時的な労力の増大や精神的な負担も発生します。そうした軋轢を一つひとつ拾い上げ、変革のプロセスについて多くの従業員の納得を得ることは、経営陣や部門リーダーにしかできないからです。軋轢を取り除くために必要なことは、痛みを伴った結果として創出できる価値を明確に分かりやすく説明することです。そこで示される未来が企業や社会に貢献できるものであれば、関係者の納得は得やすくなります。逆に、この説明があいまいであり、単なる一部門や特定の担当者の効率化を求めるだけのものである場合には、不利益を受ける関係者の納得は得られません。

特に、ＤＸを進めるに当たって経営陣の意識の転換は避けて通れないものです。ＤＸ

の推進を経営者ではなく任命された担当者が実施する場合は、必ず経営者と経営陣を巻き込み、まずはその理解を得る必要があります。

経営者・経営陣が直接指揮をとらず、担当者に一任する場合は「何かあった場合はよろしく」という運用になりがちですが、このように経営者・経営陣の関心が離れてしまっては大きな改革は実現できません。必要なことは経営者・経営陣が、ＤＸは社内を大きく改革する取り組みだと認識し、実務を担わないまでも主体性をもって関わっていくことなのです。

具体策（ツール）の導入から入っていないか

経営者・経営陣がＤＸ施策を担当者に一任し、主体性を失いがちになる主な要因は、ＤＸの施策を、ツールの検討と導入であると誤解していることです。確かに、ツールの検討と導入であれば、経営者や経営陣は提案を受けて承認するだけで問題ありません。

しかし、ＤＸは単なるツールの導入とは本質的に異なるものです。

この認識を頑なに変えようとせず、ツールの導入で効率化を図ろうとした場合は、長期的に見て企業にさまざまな不利益が起こる可能性があります。ツールの導入が企業に求められる変革に合致しなかった場合は、さまざまな経営資源が無駄になってしまうからです。ツールの選定・導入に必要とされた労力および人件費などの経費、ツールの導入でＤＸを終えたと認識し無駄にしてしまった時間、時代から取り残されるという不利な立場等々、一見メリットがあるように見えるツールの導入には、デメリットが発生する可能性も高いのです。

経営者・経営陣およびＤＸ施策を任された担当者は、ＤＸを推進するに当たってツールの導入を第一の目的としないことに留意すべきなのです。

重要なのは経営者やキーマンの巻き込み

目標やビジョンの達成のためにＤＸを行おうとした場合に、旗振り役となる経営者や担当者にとって欠かせないことがキーマンとなる人物を巻き込むことです。旗振り役が経営者であれば、キーマンは社内に影響力をもつ従業員です。また担当者が旗振り役である場合には、社内に大きなメッセージを発することができる経営者や経営陣、役員、役職者などが候補に挙がります。ＤＸ施策の推進においては、役職や立場でキーマンを選定できるとは限りません。目的やビジョンとの適合性について、人格や信念、日頃からの企業への貢献度合いなどを日常会話などから思い起こし、人物を選定する必要があります。

経営者が社内のキーマンや実務担当者を選定する場合は、自分の意図を適切にキャッチアップすることができる人物にします。デジタルスキルについては、さほど詳しくなくても構いません。相手の発言を素直に聞いて汲み取ることができ、新しいことにも物怖じしない人であれば十分です。

私が以前担当した、とある建築業のＤＸ施策では、経営者から指名された主担当者は広報職の若い従業員でした。彼は特にＩｏＴやソフトウェアに詳しいわけではありませんでしたが、その経営者は「彼はセンスがあるから」と通常業務と兼務でＤＸ施策を担わせたのです。彼は当初、デジタル技術の話について理解が追いつかない様子でしたが、とにかく一生懸命に説明を聞き質問をしていました。そして、1年ほど経った頃には、社外のＩＴエンジニアよりも社内のＩＴ事情に精通するようになり、見事社内のＩＴインフラを集約するプロジェクトをまとめ上げました。

一般的にＤＸ施策の担当者は、デジタルスキルがある人やガジェット好きな人、若い人が指名されがちですが、重要なことはデジタルスキルでも若さでもありません。素直に人の話を聞き、受け入れて実行する力なのです。

私が経営する、システム開発を軸としたビジネスコンサルティングを行う会社でも、採用をする際にはＩＴ業界での在籍歴は重視しません。ＤＸをはじめとするデジタル技術を活用した社内改革においては、ＩＴスキルはさほど重要ではないからです。社内には各方面のデジタル技術の専門家が在籍しているため、本人がデジタル技術に精通する必要はありません。必要なことは、その専門家が言わんとしていることを適切に汲み取り、クライアントの現状を適切にヒアリングし、自身が次にやるべきことを適切に判断することができる理解力と判断力、そしてやる気なのです。

企業のDX担当者に必要とされているスキルも同様のものです。このように説明すると、多くの経営者は当初想定していた人物とは別の人物を担当者として挙げます。

経営者からDX施策を任された実務担当者の場合は、キーマンは任命を行った経営者です。まずは経営者の意図を素直に、かつしっかりと聞き取り、経営者のDXの意図を汲み取らなければなりません。

そのうえで、社内でDX施策を推進していくには、経営者と共有した目標やビジョンをまずは周囲の少人数のキーマンに広めていきます。その対象は現状に問題意識を感じて改革を歓迎している人や、コミュニケーションスキルが高い人など、意図を的確に受け取ってくれる人を選定します。そこである程度施策を進め、複数人と目標やビジョン、施策などについて十分に共有できたら、そのメンバーが周囲へと少しずつDXの意図や施策を広めていきます。

例えば、とある中小企業のＤＸにおいて施策の実行に30人の協力が必要だと見積もったとして、いきなりその30人を会議室に集めて説明会を行っても多くの場合はうまくいきません。社内の改革を伴うＤＸについては、賛成派と反対派が混在していることはもちろん、説明に対する受け取り方もそれぞれ異なります。一度の説明でその意図を十分に理解する人もいれば、その内容を勘違いする人もいます。ここで勘違いが起こると、ＤＸ施策の足並みは乱れ、施策に対する社内の評価が混乱したり、施策の実施に支障が生じたりする場合があります。施策を実施する場合には、まずはコアメンバーとなる数人の人物を見定め、味方を徐々に増やしていくことが肝要なのです。

必要なのは関わる人すべての考え方のアップデート

旗振り役となる人は、キーマンとなる経営者や担当者、周囲の従業員に対して、ＤＸ施策を実施するに当たり、考え方を現代的かつ企業が向かうべき目標やビジョンに合ったものにアップデートするよう働きかける必要があります。この考え方のアップデートは簡単ではありません。

考え方のアップデートは、結局のところ相手の価値観を否定することになりがちです。価値観を変えることに対する受け止め方は人によりさまざまであるため、その人の性格や行動様式に合わせて適切な方法を考えなければなりません。このアプローチについて明確な答えはなく、上司から強く情熱的なメッセージを受け取ったほうが方向転換しやすい人もいれば、周囲の考え方や仕事の慣行がすっかり変わってしまってからようやく自身の考えや行動を変えるような人もいます。これは各人に合わせて対策を練っていくしかありません。

このアプローチのなかで必要なことは、対人コミュニケーションにおける基礎的なことを疎かにしないことです。確認すべきことを確認する、言語化することを怠らない、相手の気持ちや困りごとについて傾聴するなど、非常に手厚いコミュニケーションが求められます。価値観が否定され、新しい考え方への転換を迫られるという場面は、多くの人がストレスを感じます。このストレスを緩和し、納得感を得るためには粘り強い説得と周到な戦略、手厚い精神的なケアが必要となるのです。

3ステップと改善・フィードバックを繰り返す

こうした前提を踏まえて、実際に進めるDX施策についてはその工程も非常に泥臭いものであるといえます。DXをはじめとする企業の改革や革新のプロジェクトにおいては、基本的に「これをやったら終わり」というものではありません。新しく掲げる目標やビジョンを企業に定着させるには、施策を何度も試す必要があるからです。

基本的に、DXなどの改革や革新を行う場合に実施すべきステップは①基本方針検討、経営層など責任者の合意、②現状の把握と情報収集、③テーマとなる具体事項の推進の3つです（図表4）。この3ステップを実施したうえで、工程や成果を振り返り、経営者や経営陣と合意したうえで、3ステップすべてを見直して調整し、実施していくことを繰り返します。いわば終わりのない工程ですが、この繰り返しなくして改革や革新は

図表４　「定着」のためのプロセス

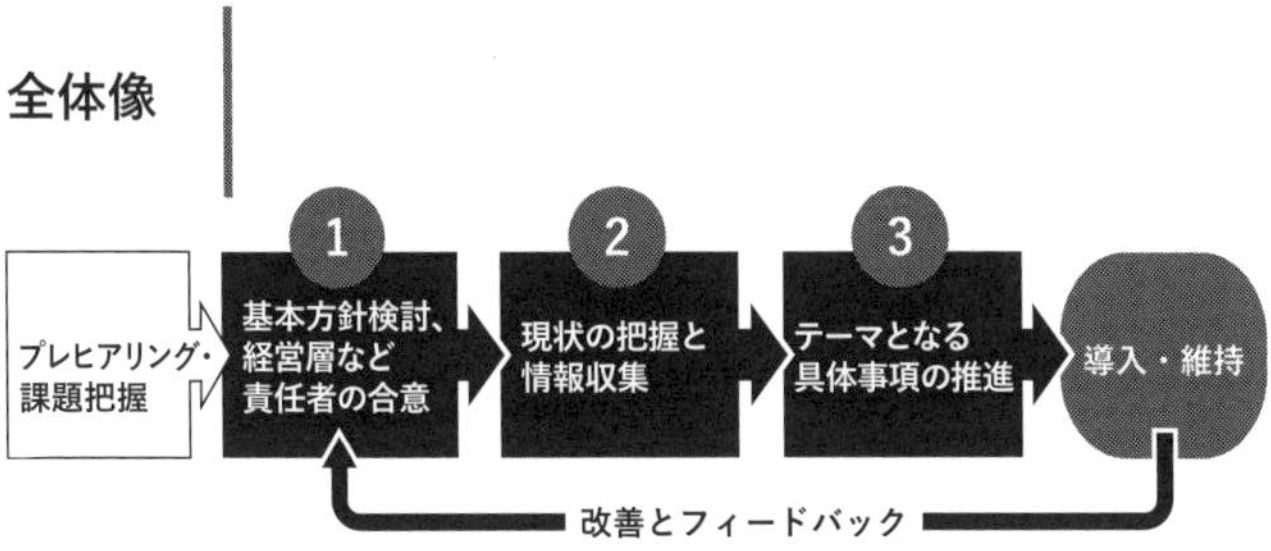

定着することはないのです。

また、この３ステップは必ずしもこの順番で進める必要はありません。②現状の把握と情報収集についていては、各工程を進めながら常に行うべきです。そこで拾い上げた内容を必要に応じて①や③に反映しながら調整するという進め方を行います。

大半の企業のＤＸプロジェクトにおいては、経営陣から「ＤＸを行いたい」という要望があり、その具体策を考える過程でさまざまな社内の意見や思惑、時には足の引っ張り合いが発生しプロジェクトは混乱します。そのなかで都度必要なものを当初定めたビジョンに照らし合わせて取捨選択し、整理しながら経営陣に提示することで個々の取り組みや予算に対する合意の承認を受け、プロジェクトを進行させる許可を取りながら進めていくのです。

企業全体の目標とビジョンを整理する

DX戦略における価値観のアップデートの中核は、企業全体の目標やビジョンの整理です。すでに企業の目標やビジョンがはっきりしており、その方針に応じて戦略を検討していく場合と、企業組織内の課題や問題意識などから新たに抽出していく場合があります。いずれも、大きくは以下の工程を経て実施していきますが、企業の規模や組織の特性、業種、所属する従業員の傾向などにより、アプローチは異なります。

【目標とビジョンの整理の段階】

①プロファイル
②目指すべきものの言語化

この2つのプロセスで重要なことは、各段階で関係者の十分な理解を得ることです。一般的に、目標やビジョンの設定の場面では抽象的・理想的な言葉や流行語が使用される傾向にありますが、そうした言葉を使うこと自体に問題はありません。そうして選定した言葉が、企業の問題意識や課題から論理的に導き出されたものであることが重要なのです。さらに、その言葉の意図を関係者がよく理解し、次のアクションに移る際に全員が方向性について迷わないようにすることが重要なのです。

①プロファイル

プロファイルの段階では、まずは企業としてどういった方向性に進みたいのか、今ある課題は何か、どういった理想に近づきたいのかなどについて、現状と今後の希望を整理していきます。

第一段階においては、資料などは用いず現状について関係者とミーティングを行い、企業運営の改善に関するアイデアや企業がもつ課題について話し合います。このミーティングでは、聞き手役の担当者が経営者や従業員から日頃不便に思っていること、疑

|図表5| ヒトとデジタルの違い

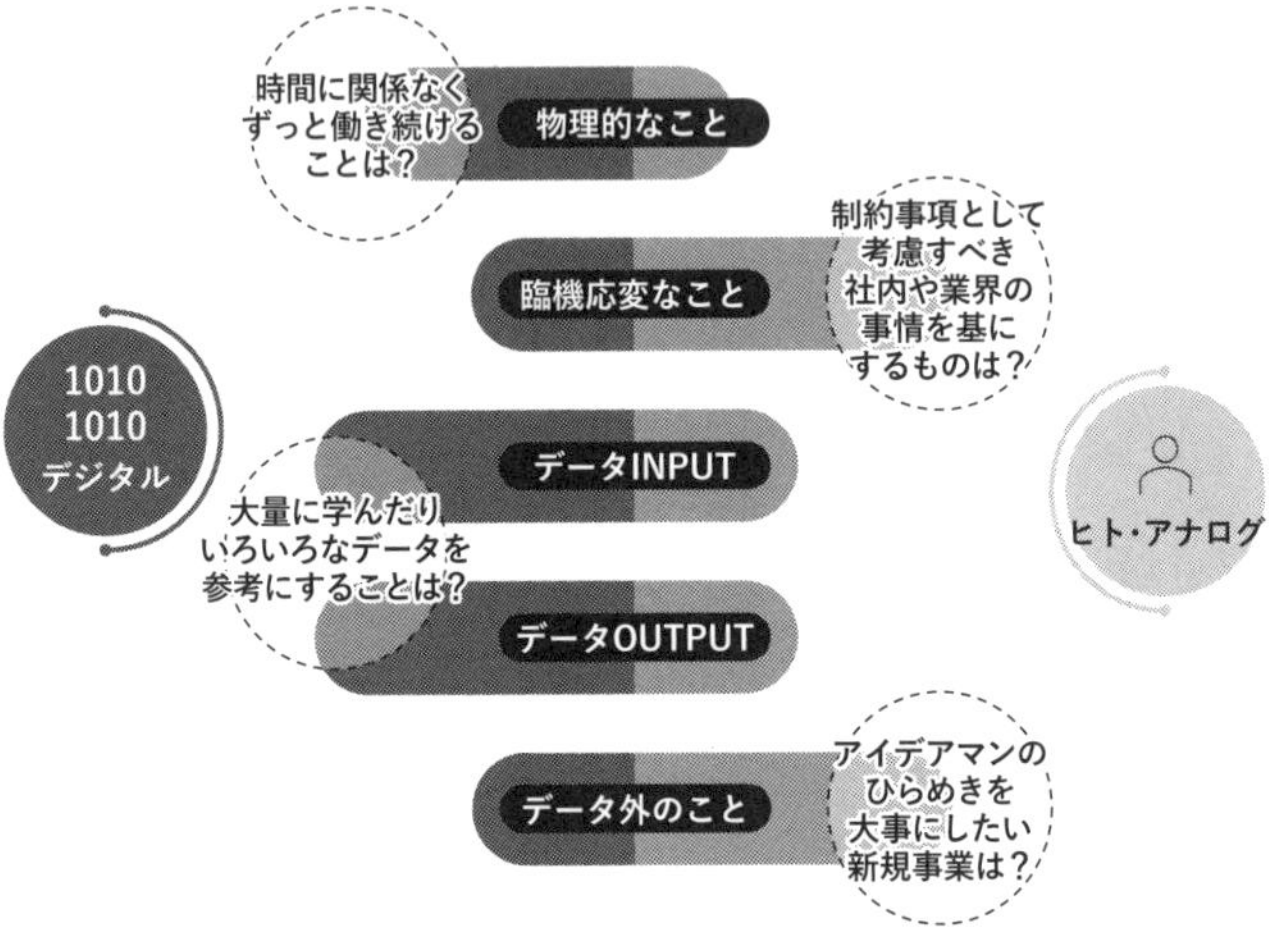
1010
1010
デジタル
ヒト・アナログ
物理的なこと
時間に関係なく
ずっと働き続ける
ことは？
臨機応変なこと
制約事項として
考慮すべき
社内や業界の
事情を基に
するものは？
データINPUT
データOUTPUT
大量に学んだり
いろいろなデータを
参考にすることは？
データ外のこと
アイデアマンの
ひらめきを
大事にしたい
新規事業は？

問に思っていることなどを聞き出します。また、可能であれば本来やりたいと考えていることも聞き出しておきます。

課題を具体的に挙げることができず会話のなかで問題点を探っていく手法が難しい場合は、他の手法を使います。アイデアを出す側の人に課題をひたすら書いてもらい、その内容について議論を重ねるという方法も一つです。世の中には議論を引き出すための分析手法がさまざまあるため、それらのフレームワークをうまく活用していきます。会話のなか

|図表6| DX 議論の整理

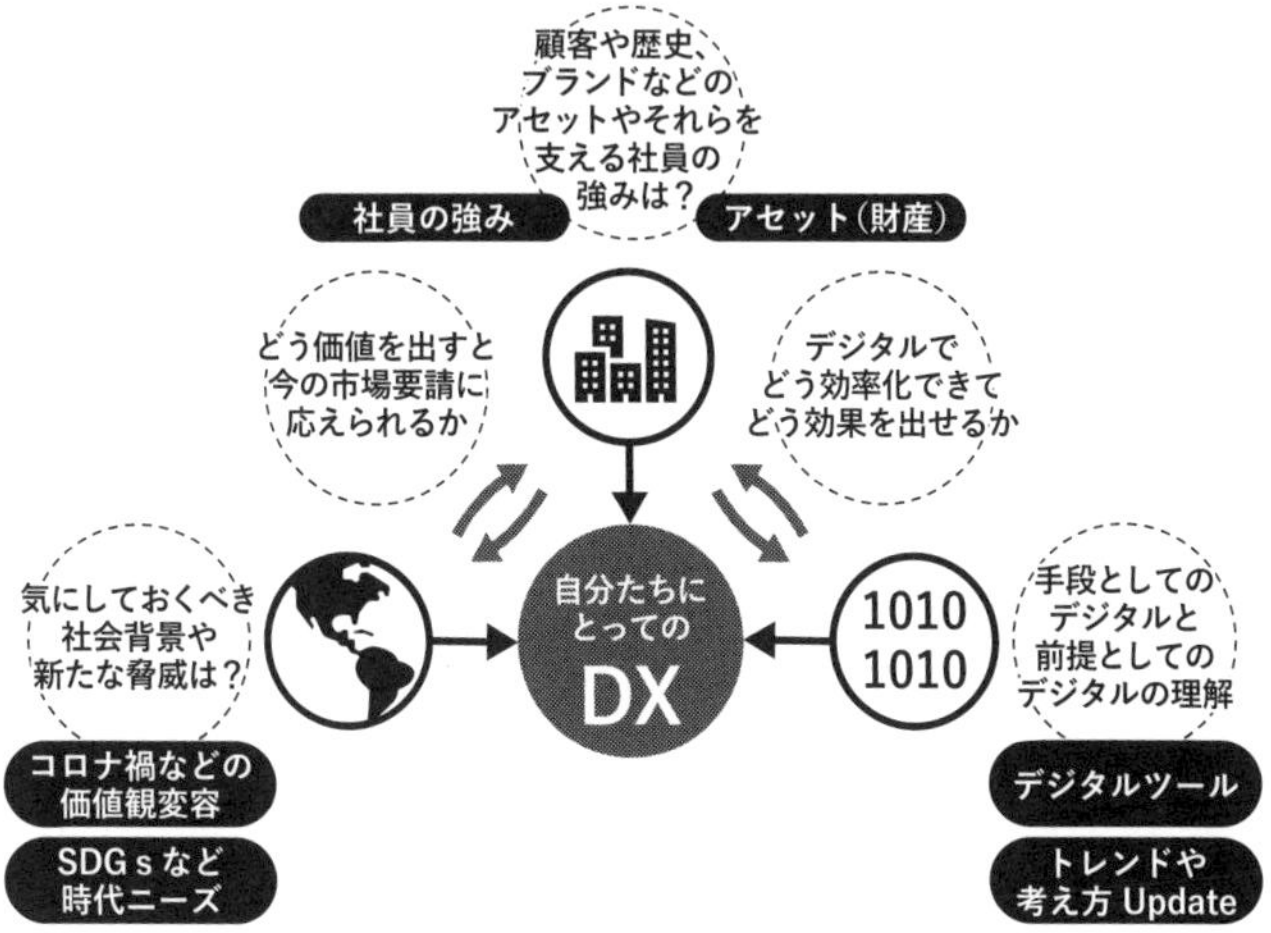

で出た用語や話題の性質に合わせて、さまざまなアプローチを用いて本質を探り、なるべく多くの要素を抽出したうえでその企業にとって最も必要な目標やビジョンを見定めます。

例えば、ＤＸが必要だという危機意識はあるものの、何をやるべきかアイデアが出ないという場合には、図表５のようにヒトとデジタルの違いを整理する資料を作成し、聞き手からアイデアを出す側にぶつけます。非常に基本的な論点を整理したものですが、このようにデジタル技術とヒトの特性と得意とする業務を目に見える形で整理すると、納得感が得られやすく、自社の業務が現在、適正にヒトとデジタル技術に振り分けられているかを判断しやすくなります。このように、資料を作ることで、それまでは気が付かなかった点や、否定していた価値観について気づき、進むべき方向性が見えてくることもあります。

この議論は、今の段階では深く行う必要はありません。さまざまなアプローチを通して、幅広い関係者の問題点や課題の抽出を行い、それらを総合して何を核としていくかを繰り返し議論することが必要です。

「DX」は一つの単語ですが、その単語のなかには図表6のようにさまざまな論点が内包されています。プロファイルを行うなかで、議論される内容はどの項目に当てはまるものか、議論されている方向性は本当に当初想定されていた課題か、総合的に見た際に漏れている点はないかなどを都度チェックしながらできるだけ多くの要素を引き出し、まとめ上げていくことが必要です。

ここで聞き出した内容は、目標やビジョンの策定だけでなく、施策を練っていく材料にも使います。これらはすでに関係者が認識しており、目に見える「顕在課題」といえます。

一方で、担当者が目標やビジョン、施策を考えるうえで見落としてはならないのが、自社が抱える目に見えない「潜在課題」です。会社の進むべき方向性や課題を抽出するうえでは、顕在課題と潜在課題の両面からアプローチすることが欠かせません。

目に見えない潜在課題に目を向けることの大切さがよく分かる例が、近年流行しているＳＤＧｓの取り組みです。例えば、先進国が過去に急激な開発により経済成長を遂げていた時代には、それに伴うエネルギーの不足や、消費者ニーズに生産が追いつかないことが目に見える顕在課題でした。このため、その顕在課題を解決する分かりやすい手段として、化石燃料をどんどん発掘したり、森林資源の伐採が進められたり、商品の供給サイクルを早めるために大量生産・大量廃棄が行われたりしました。しかし、この顕在課題の解決だけにフォーカスした結果、地球環境の悪化や格差の拡大により経済活動そのものの持続が危ぶまれるようになったのです。このような潜在課題から「持続可能な開発」が注目され、ＳＤＧｓの17の目標が掲げられるようになったという背景があります。

これが、企業内部の話で「オフィスの環境が悪い」「世間と比べて働き方が古い」「コミュニケーションがうまくとれない」「スキルの伝達がうまくいかない」「働きが評価されない」などという従業員が抱える顕在課題があるとすれば、必要な対応はオフィスの改修やリモートワークの導入など直接的なものだけではないかもしれません。「そもそも社員のモチベーションが低く構造的に生産性が低くなっている」という潜在課題が存在している場合は、直接的な対応は先のSDGsの例のように短期的な解決にはなるものの、根本的・長期的な解決にはつながりません。企業に革新をもたらすような解決を模索するうえでは、潜在課題である従業員のモチベーションの低さと生産性の向上を解決する必要があると気づかねばならないのです。

顕在課題はいうなれば、海面に少ししか露出していない巨大な氷山の一角です。顕在課題の下には解決が難しい根深い潜在課題が必ず隠れています。真の革新を行うには、脊髄反射的に手段を探るのではなく、深く考えて本来の潜在課題を発見することが欠かせないのです。

【潜在課題の例】

●事例1　製造業

顕在課題：育児・介護中の従業員を中心としたリモートワーク実現の要望、生産性の低下

潜在課題：紙での回覧や承認フローの多さ、対面での伝達・確認プロセスへの依存など、業務フローの多くがデジタルを活用しない形式になっていること

必要な対応：業務全体の紙の量や対面依存の見直しと、それらを整理したうえでのリモートワークの実施

●事例2　商社

顕在課題：書類のフォーマットがそろっていない、一つの業務において入力工程が煩雑、情報の整理不足で必要なタイミングで必要な情報を探すことができない

潜在課題：課題が生まれるごとに対応するツールを都度導入するという戦略性の欠如。
ツールが増えたことによる業務の煩雑化

必要な対応：社内業務の棚卸しと業務戦略の立案、それを支えるツールの選択

②目指すべきものの言語化

議論を行い、顕在課題やその背景にある潜在課題をある程度把握できたら、その内容を整理するための資料を改めて作成します。議論で出た言葉や要望の意図、想定される潜在課題、それらへの対処などを詳細に確認していくことで、議論された結果を明確化していきます。

例えば、「DXを行うことで何か経営にインパクトを出したい」という要望が出されたとします。この漠然とした要望だけでは、何を行って、どんなインパクトを出すかについてははっきり分かりません。そこで、企業の現状や変革の工程を図や表で示して認識を共有し、各工程で何をどう行うべきかを細かく定義していくのです。

|図表７| DXと経営インパクトを示した図

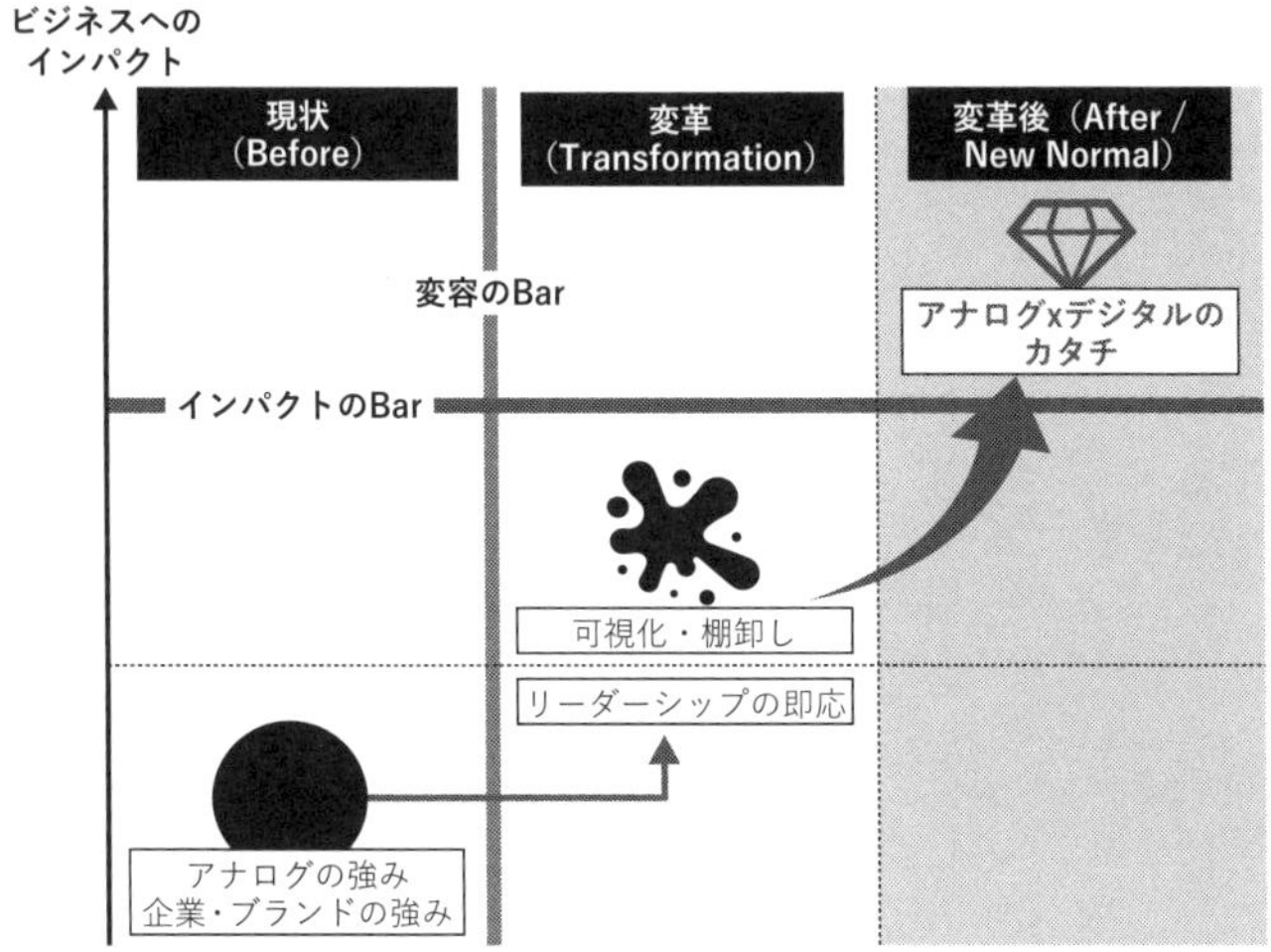

どんな図や表を用いるかは業種や業態、企業の抱える課題によって変わります。具体例を挙げるとすれば、図表７はあるメーカーのＤＸと経営インパクトについて議論をする際に分かりやすく示した例です。すでにブランドが確立しており、会員登録などで消費者のデータの蓄積も進んでいる企業から「すでにデータの蓄積もあるのだから、何かツールを入れれば顧客データの分析や売上予測、販売促進活動が簡単にできるようになるだろうからどうすればよいか教えてほしい」という要望がありまし

た。しかし、これではデジタル技術の活用は不十分ですし、顧客データの活用が十分にできていないという課題の背景にある潜在課題についても明確に認識と共有がなされていません。そこで、横軸に時間、縦軸にビジネスインパクトを配置したグラフ図を作成し、現状である「Before」の状態は何か、変革後である「After/New Normal」であるべき姿は何かという問いを投げかけてその企業における現状認識や課題をさらに深く確認していきました。

「Before」はつまり何もしない状態です。その企業はすでにシューズのブランドとして販売網、顧客情報という強い資産をもち安定的な売上を得ていました。その状態からいかに変わるべきかが「After/New Normal」です。これは単にデジタル技術を導入したらどうなるかではなく、「Before」でもつ資産を強みとして、アナログの強みとデジタルの強みを掛け合わせた最適な形を見つけ、結果が出た状態でなければなりません。

ここまで提示すると、「After/New Normal」のあるべき姿についての意見が変わってきます。「靴にセンサーなどの付加価値をつけて平均単価を2000円程度上げたい」「歩行・走行データを蓄積することで分析したデータを販売し、年間の売上を3年後には１千万円程度増やしたい」などさまざまなアイデアが出るようになりました。このアイデアを整理することで、初めてその企業のＤＸの目標やビジョンが見えてくるようになるのです。また、具体的に整理すると、その企業にとってのＤＸの「インパクト」をどう設定すべきかが自ずとまとまります。

また、こうしたアナログの強みとデジタルの強みを掛け合わせた未来は一足飛びに実現するものではありません。最終的に見定めた「After/New Normal」の形から逆算して、その変化の途中段階として必要なアクションについても考える必要があります。「Before」の顕在課題・潜在課題を整理したうえで、「After/New Normal」の状態との乖離を埋めるために必要なアクションは何かを分析し、「Transformation」の箇所に必要なプロセスを記入していきます。この企業では、データは蓄積されているものの、それを分析したり活用したりするための可視化や棚卸しが不十分でした。それを実施するためには今のユーザーの情報や状況をリーダーがしっかり確認・分析し、データ活用への舵取りを行うことが必要です。こうしたものを図表として示し、関係者と共有することで初めて企業の行くべき先が見えてくることも少なくありません。

目標とビジョンの策定は必須プロセス

目標やビジョンの策定はＤＸをはじめとする社内改革には必須となるプロセスです。ここで策定した内容は、プロジェクトを進めるうえで揺るがすことのできない目印や目標としての役割を果たすからです。

そのため、目標やビジョンは意図が伝わりにくいものであってはなりません。企業を取り囲む市場背景や状況、企業のアイデンティティとなる思いなどを反映した明確なものでなければ、プロジェクトの目指すべき方向が揺らいでしまうからです。時代の変化に適合するのか、あえて逆行するのか、新しい事柄にチャレンジするのかを示す必要があるのです。

世にある多くのプロジェクトでは、目標やビジョンよりも「こうすれば、こうした結果が効率的に得られる」という手段が注目されがちです。手段は目に見えて分かりやすく、取り組みやすいものです。しかし、それでは根本となる要因や課題は解決されません。プロジェクトに真に必要なことは取り組むメンバー全員の理解と意思統一です。意思統一さえあれば、状況により手段が変わっても、方向性が揺らいでしまうことはありません。

目指すべきは従来型の価値観から現代型へのアップデート

また、目標やビジョンを策定するうえで欠かせないのが従来型の価値観を現代型の価値観へ切り替えるという視点です。以前は企業のデジタル技術の活用は巨額の予算を必要とする特別なものでした。現在、経営陣として活躍する人が多い50代、60代が若手であった30年前、アップル社のマッキントッシュは収益が非常に高い医師や弁護士しか持てないものでした。その黎明期のデジタル技術の導入には数十億、数百億の費用がかかるのが当たり前で、資本力がある大企業が投資の効率性を綿密に検証し、確実にその効果を得るという巨大プロジェクトとして実行するものだったのです。

しかし、今やデジタル技術は広く普及し低予算で気軽に利用できるものになりました。

例えばリモートワークをしようと思った場合は、大半の社員がパソコンやスマートフォンを所有しているため、経営者の許可一つで手軽にできるのです。このような時代に手段がそろっているにもかかわらず頑なにリモートワークを禁止するような行為はいかにもコンサバティブな価値観であるといえます。

とある企業の経営者は「リモートワークは職務内容を明確に定義したジョブ型の働き方を前提としたものであり、終身雇用でメンバーシップ型の働き方を求める日本の雇用制度にはなじまない」と主張し、頑なにリモートワーク導入を拒否していました。確かに、厳密に国の制度に沿って労務管理を行う場合、リモートワークは適していませんし、労働組合が組織されている企業では一斉に導入できないという事情もあります。もちろん、日本社会もジョブ型の雇用形態に変化していません。一方で、新型コロナウイルス感染症の流行を受けて、多くの企業でリモートワークが導入されている以上、頑なに実施しなければ企業内での不満や軋轢を生むことになります。

結局、その企業では、従業員はメンバーシップ型の働き方をしているという前提で徐々にリモートワークを導入することになりました。頑なな旧来の価値観を見直し、その方向性を現代型にすれば、手段はいろいろあるのです。国の制度も時代に合わせ、対応する手段やツールが数多く考案されています。

重要なことは、最も根本的な部分で考えを固定化しないことです。時代の状況や従業員の意識の変化、市場で求められている役割を素直に吸収し、適切な目標やビジョンを定めることが、ＤＸをはじめとする改革や変革の実効性と効果を何より担保することになるのです。

目標とビジョンの策定例①

価値観を現代型にアップデートした目標とビジョンをどう策定するかについては、各々の企業のポリシーや経済環境、業界や業種や業務環境、取り扱う製品などを考慮して柔軟に考える必要があります。

例えば、オーガニック食材の卸売や小売をしているA社は物の売買というアナログな手段が必要な業界で、非常に苦労をしてDXのビジョンを描きました。

従業員約200人を抱える、オーガニック食品業界では大手といえるA社は、当初は経営者が社内のIT化を推し進めようと戦略を作成し、ITインフラの開発に取り組んでいました。従来の計画では、新型コロナウイルス感染症の流行以前の、2018年までに開発を完了させて社内をIT化する予定でしたが、開発は混乱し、現場での導入も進みません。そのプロジェクトの整理に入ったのが私たちでした。

A社のプロジェクトが停滞していた要因は、DXプロジェクトの目標やビジョンを特に定めることなく、社内の業務プロセスのIT化だけを目的にプロジェクトを進めていたことでした。そのため、多くのプロセスで方向性の違いによる混乱が起きたうえ、従業員からは「現場を分かっていない改革だ」と見なされて真剣に取り組まれなかったのです。そこでA社の経営者と我々は、そもそもなぜA社にDXが必要なのかという根本から棚卸しを始めました。

A社はオーガニック食品を扱う企業だけに、その生き方に強い信念をもった従業員が多く、取引先や消費者もライフスタイルに非常にこだわりをもった人が多くいます。そのA社がビジネスを行ううえで重視していることは「人間らしさの追求」です。単によ り多くの食品を売ることで利益を追求するのではなく、人間らしい生き方をすることで従業員の生産性を上げ、企業としての魅力を取引先や消費者にアピールしていきたいという理念をもっていました。オーガニック食品を取り扱い、人間らしさを追求するというとアナログな世界が思い浮かびますが、日常生活やビジネス環境がデジタル化し、食品の売買もインターネット上で盛んに行われるようになるなかで、経営者はずっとアナログではいられないという危機感をもっていました。

人間らしさを追求しつつ時代に合ったデジタル技術を取り入れるには、どのような目標やビジョンを設定するべきか。この問いに対する答えをまとめ上げるために必要だったのは、経営者やキーパーソンとの話し合いを繰り返し、言語化するという工程を繰り返すことでした。聞き取った内容を企業の歴史や市場環境の変化から読み解き、提示し、再度言語化していくという工程を何度も繰り返しました。このやりとりをDXの工程で折に触れて行っていたため、言語化したパワーポイントのスライドは数百枚にのぼりました。

結論として、A社のDXプロジェクトの根本的な理念となったのは「HX（ヒューマントランスフォーメーション）」でした。A社が重要視している「人間らしさ」が現代においては単なる「自然派」というカテゴリに納まるものではなく、つながり、情報や体験を共有し、より人間らしく豊かな生活を追求するものであると位置づけたのです。その結果、行うべき施策の方向性は、品質と安全性を追求した製品群とそのトレーサビリティ情報の積極的な開示、A社製品が作り出す世界観に基づいたコミュニティの生成、デジタルを活用した体験型価値の追求と定まりました。この大項目に基づいて、A社はサービスの展開や社内のデジタル環境の整備を行うデジタルインフラを作り上げていくことになったのです。

A社の目標とビジョンの創出に当たって課題となった項目は、関係する役職員が理解し納得することでした。A社は従業員数約200人という中堅企業ですが、物流と小売を扱うという性質からそれぞれの従業員の取り扱う業務が異なるうえ、勤務する場所も離れており、意識の統一が難しいという問題がありました。この企業でアナログな業務を無理にデジタル化しようとすれば、多くの従業員が反発することは目に見えていたのです。

また、Ａ社の経営者は従業員の声を聞くことを非常に大事にしていたため、社内のデジタル化に際しては、現場からの意見を根気強く取り入れていました。しかし、その結果としてプロジェクトは迷走し、社内のデジタル化は頓挫しかかってしまったのです。

Ａ社の従業員が誰しも納得できるような「人間らしさ」と「デジタル化」の融合を伴う目標やビジョンを創出することは簡単ではありません。しかし、Ａ社がこれまで大切にしてきたポイントや、Ａ社を取り巻く市場環境を丁寧にヒアリングし整理すれば自ずと答えは出せるのです。

さまざまな周辺環境を整理するなかで、Ａ社は自社の取り扱うオーガニック食品を好んで購入する消費者の行動が時代に合わせて変化しているという着眼点を得ました。消費者一人ひとりが得られる情報量が拡大したことによってオーガニック食品を消費する層は大きく広がり、かつ多様になっています。多くの消費スタイルのカテゴリが生まれ、それぞれでコミュニティをつくって情報が常に交換されるようにもなっています。さらに、以前は専門店にアクセスしなければ手に入らなかった食材がインターネットを通じて流通することにより、消費者自身が「人間らしい」と考える理想のライフスタイルを追求しやすくなっています。その消費者の行動に合致した機動性と提供商品の幅広さについて、デジタル技術を活用して実現することが求められているという結論は、A社に勤める社員ならば誰しもが肌身に感じていたのです。

A社のDXプロジェクトにおいては、目標とビジョンの策定後にさまざまな施策が実行されていきました。その内容が妥当かどうかの判断をする際に、プロジェクトのチームメンバーの意識がずれそうになるたびに、この目標とビジョンの振り返りが行われました。この判断基準をもつことで、A社のデジタル化施策は進展するようになったのです。

目標とビジョンの策定例②

Ａ社のように経営者とキーマンから話を聞き、さまざまな要素を考慮して目標やビジョンを作り上げる事例もあれば、経営者の話だけをとにかく聞くことで目標やビジョンを作り上げる場合もあります。特に、社員が数十人以下の小規模企業の場合はその傾向が顕著です。

Ｂ社のメイン商材は地酒で、近年はアナログな小売の流通網での販売のほか、通信販売の割合も高まっているという企業でした。

Ｂ社は典型的な山陰地方の地場企業です。従業員は25人と多くなく、正社員のほかにパートタイムの販売員などを多く雇用することでビジネスを行っています。

経営者からヒアリングをするうちに、Ｂ社が重視していることはメイン商品である地酒をより多く、より広く販売することだけではなく、Ｂ社が立地する地域の魅力を日本全国に発信し町おこしをすることだというのが理解できました。Ｂ社は地酒のほかにさまざまな地域の特産品を取り扱っており、道の駅の運営や地酒の流通網を活用した全国での特産品の販売イベントの実施などにも積極的でした。

しかし、B社の案件で最も重要なことは、B社の経営者が何を考えているかではなく、B社の目標やビジョンが経営者の考えと一体になっているという事実です。B社は典型的なワンマン経営の企業で、営業や企画はほぼ経営者が行い、社員は経営者の指示どおりに業務を進めることが求められていました。そのため、プロジェクト遂行においては、社内で異論が出ることはほぼなく、ひたすらに経営者の掲げた目標とビジョンに基づいたプロジェクトを練り上げ、遂行することが求められていたのです。

そこで実施したアプローチは、経営者が感じている課題を基に社内の業務の運用を棚卸し、改めて課題をピックアップするとともに優先度を整理していくことでした。それをまとめた資料を経営者に提示し、合意を得たのちに具体的な施策に落とし込んでいきます。B社の場合は店舗においてデジタル技術がほぼ活用されていないアナログ運営で、通販のシステムについても社内システムとの連携がとれていないため多くのデータを手作業で移行しているなどの問題がありました。これら山積する課題に優先度を付け、まず取り組むべきテーマとして掲げたのは「情報共有」でした。この観点から、B社のデジタル技術の活用の方向性を見いだしていったのです。

方向性に迷いが生じた場合などに振り返るべきは経営者の意向です。経営者の判断や気分によって方向性が大きく変わることはありますが、Ｂ社の業績および運営の肝が経営者にある限り、経営者が現在考えていることこそが、目標でありビジョンなのです。

Ｂ社の場合、目標やビジョンを定めるためにまず必要だったのは、Ｂ社の方向性を決めているプレイヤーについて判断することでした。ひと口に小規模企業といってもその運営の形態はさまざまです。経営者以外にも重要なキーマンが存在し、キーマンを含めた関係者全員の意思統一を図らなければ改革がうまくいかない場合もあれば、経営者がすべての方針を決め、営業の役割を果たしてすべての案件を獲得している企業もあります。関係者の意思統一を図るためにその背景を細かく設定した目標やビジョンを創出する必要がありますが、後者の場合は必ずしも目標やビジョンについて細かく定める必要はありません。

Ｂ社のように、まさに経営者がメインプレイヤーであり意思決定者であるような場合には、ＤＸの担当者と経営者との間で適切に意思疎通ができていれば問題ありません。この場合、プロファイルは経営者の頭のなかである程度完成しているため、必要なことはそれを言語化し、目に見える形で合意をすることです。

一方で、経営者の考えのみに基づいてＤＸをはじめとする社内の改革や革新に取り組むことには危うさもあります。一般的に社内改革を行おうとする経営者は成功経験がある人が多く、よく勉強しており、自分の判断に自信をもっています。だからといって、変革を推進する社外のプレイヤーや経営者から任命された実務担当者が経営者の指示のみに従うようでは、社内の運用を現代的な価値観にアップデートし、効率的にデジタル技術を導入することは難しくなります。経営者が目標やビジョンを体現するような場合に重要なことは、経営者自身が外部のアドバイザーや担当者の意見を一度は素直に受け取って検討することであり、その意見を受けて自身の考えを柔軟に調整していくことなのです。

情報を収集・整理し現状を把握する

①プロファイルと②目指すべきものの言語化を繰り返し、ある程度目標やビジョンが固まってきたら、その内容を念頭におきつつ現場にヒアリングを行っていきます。この工程は必ずしも目標とビジョンの策定後に行うべきというわけではなく、必要がありそうと判断した段階で実施しても構いません。

ここからは、経営者や経営陣、ＤＸプロジェクトのキーマンと打ち合わせた内容を具体化する段階です。一方で、具体化に話が進めば、さまざまな要望や社内の思惑など数多くの要素が錯綜するようになり、プロジェクトは混乱しがちです。このため、情報収集を行う際には、集めた情報から課題を抽出し、整理していくプロセスが必要になります。

まずは、ＤＸプロジェクトに関連がありそうな現場に赴き、現場の運用をよく知る役職者や業務の担当者から業務プロセスについて聞き取ります。そのうえで現場において感じる課題について広く聞き取り、リストアップしていきます。この内容をもち帰った

|図表8| 課題分類の例

業務で感じる悩み・課題	区分	区分
押印書類が多い(会社印/代表者印)	書類関連	業務改善
紙ベースの申請・決裁書類が多い	書類関連	業務改善
お客様との打合せが重なりすぎている	煩雑業務	
契約書の作成	書類関連	
業務内容の範囲(どこまでが営業推進部の業務か等)があいまいに感じる	業務改善	
責任者があいまい。誰も把握できていないことが多い	組織・体制	
社内、PLT、ES等アンケートの要求ばかりで回答結果が反映されない	要確認	意識改革
特定の決裁者が在宅勤務の場合、決裁を取ることができない	**組織・体制**	**要確認**
支払い依頼や経費精算申請のT-DECSへの反映が遅く回っているのか不安になる	業務改善	
社内ルールが部署ごとでしか把握されておらず他部署との共有がなされていない	組織・体制	意識改革
プロジェクトを組んで、時間を割いて決めていたことが簡単に上層部で覆される	組織・体制	業務改善
入退社に伴う担当変更時の引継ぎ期間が少ない	業務改善	意識改革
残業時間の削減に努めているなかで、定時以降の会議やMTGが多い	組織・体制	業務改善
打合せ遅れやオーダー遅れ等で適正な施工期間が守られていない	業務改善	
THSのインストール方法が分からない	**その他**	**要確認**
お客様用の工事図面を渡すまでの間、仮置きできるスペースがない	業務環境	
人事評価データ化　現状「紙」	その他	
工数データ化(効率の可視化)	その他	

|図表９|　課題の割合

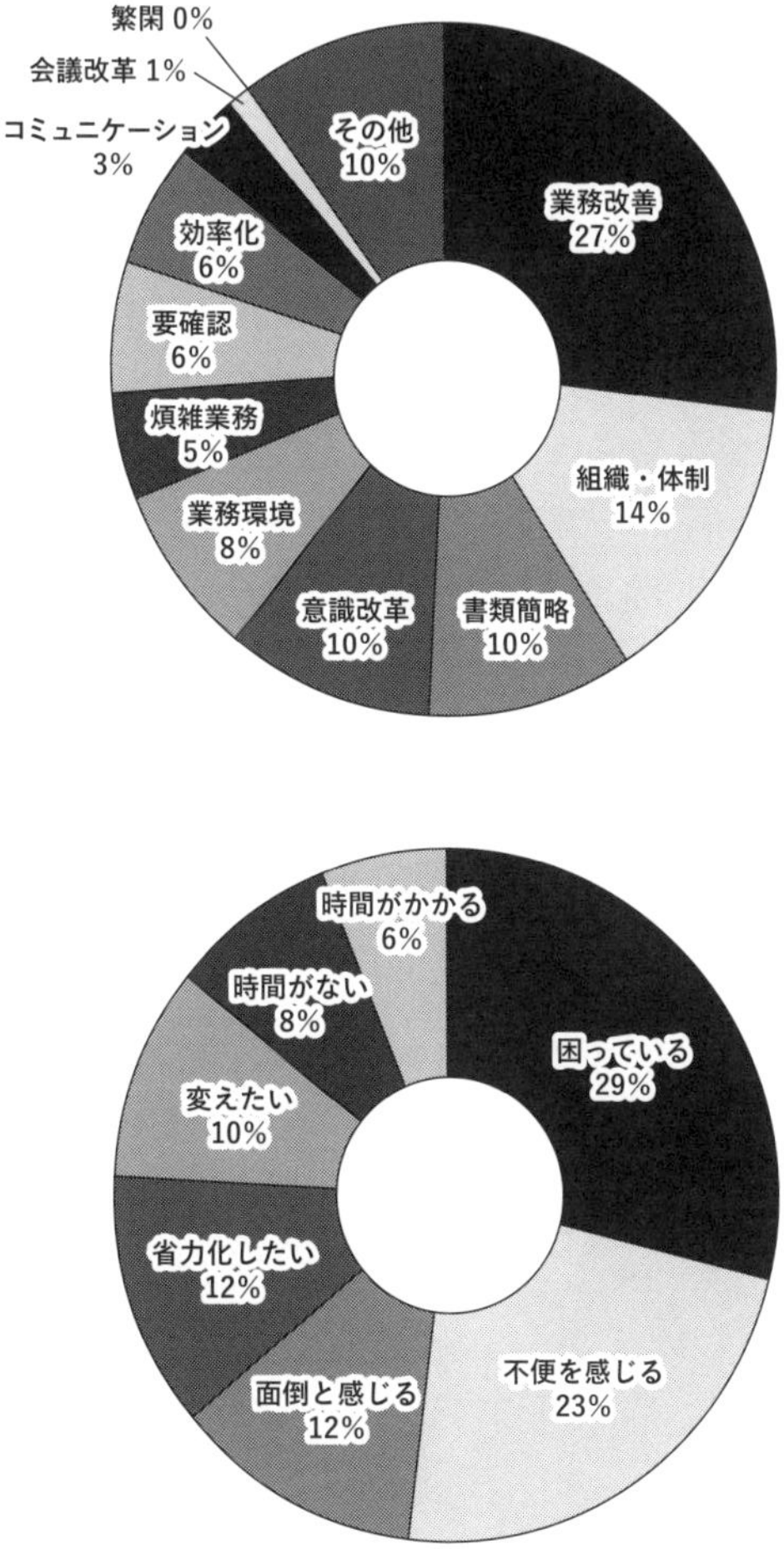
繁閑 0%
会議改革 1%
コミュニケーション
3%
その他
10%
業務改善
27%
効率化
6%
要確認
6%
煩雑業務
5%
組織・体制
14%
業務環境
8%
意識改革
10%
書類簡略
10%
時間がかかる
6%
時間がない
8%
困っている
29%
変えたい
10%
省力化したい
12%
不便を感じる
23%
面倒と感じる
12%

うえで、プロジェクトとの関連性の判断や、課題のグループ分け、優先度などを判断していくのです。

課題の分類方法の一例としては、エクセルシートなどに課題をまとめ、カテゴリ分けをしていく方法があります（図表8）。「社内ですでに話し合って対策に着手しているもの」「特定の人の作業に紐づいているなど、特殊過ぎてデジタル技術以外の解決策が必要なもの」「今回のDX施策と同様の意図をもつもの」「改革に必要なく考慮しなくてもよいもの」などです。このカテゴリ分けを行ったうえで、まずは「今回のDX施策と同様の意図をもつもの」をさらに深掘りしていけば、目標やビジョン策定で定めた方向性の具体的なアプローチが徐々に見えてきます。

その深掘りの方法としては、「今回のDX施策と同様の意図をもつもの」にカテゴライズされた課題のキーワードを拾い、抽象化した用語を割り振っていきます。そのうえで割り振った用語を基にカテゴリ分類を行っていくと、カテゴリに該当する課題の数から論点の割合が把握できるようになります（図表9）。このように課題の割合を抽出することで目的やビジョンに紐づく課題がどのような構成でどの程度発生しているかを把握することができるようになります。

また、必ずしも行う必要はありませんが、ヒアリングの際に課題に対する現場の気持ちを聞き取っておくことも有効です。「困っている」「不便を感じる」「面倒と感じる」「省力化したい」などさまざまな印象が抽出されるかと思いますが、各課題構成についての優先度を判断する指標として使うことができます。

情報を概念化したほうが効果的な場合も

ここまでの整理で、目標やビジョンの背景を具体的につかむことができたと関係者が納得する場合もあれば、そうでない場合もあります。課題や社内の思惑が非常に多く調整が難しい企業の場合は、もっと抽象的な概念で理解・納得したいという場合もあるのです。この傾向は大企業のＤＸ施策の場合などに多い印象です。このような場合は、課題の羅列とカテゴリ分類だけでなく、抽象的な概念に昇華し、整理をして提示したほうが理解は得られやすいです。

図表10と図表11はリモートワークを導入したいと希望した企業のコミュニケーションのあり方について議論するために作成した資料です。リモートワークの導入は、シンプルに考えればリモート会議システムを導入すれば済むように思えますが、それだけでは対面の会議と同じ成果を得ることはできません。リモートコミュニケーションの実現のためには、対面での会議の特性をそのまま移行する必要があるという潜在課題があるからです。

この潜在課題を明確に認識し議論するために、図表10で会議のあり方を自分と相手方の情報発信量に応じて「意思表示型」「情報共有・議論型」「聞くだけ型」に整理しました。そのうえで、図表11においては図表上に表れた会議の効果を「1：1の深い対話」「1：Nの通達・報告」「N：Nのチームコミュニケーション」「聞くだけでも問題ない大規模系通達」に分類し、自社の会議が各分類にどの程度の割合で発生しているかを経営者と話し合っていきました。そのうえで、各分類におけるキーワードを抽出しそれらを集約することで、まずは、施策に必要な「柔軟」「集中」「リッチ（没入）」というシ

|図表10| 働き方（コミュニケーション）改革　現状把握の例

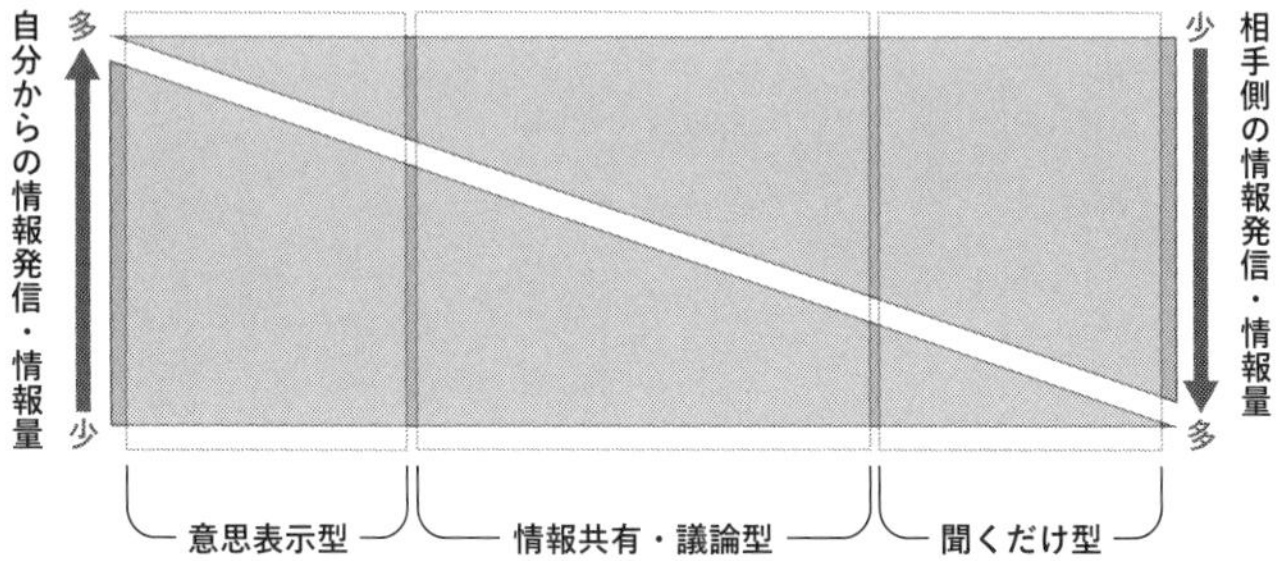

意思表示型	情報共有・議論型	聞くだけ型
自分から1人や複数の人へ意思・情報を発信するタイプの会話・会議	ある程度の規模の人数で情報が飛び交う、闊達に意見交換するタイプの会話・会議	1人、または複数の主催側から情報伝達・情報共有される会話・会議
■具体的な例	**■具体的な例**	**■具体的な例**
・上司や経営層への業務報告・説明 ・部下やチームメンバーへのコーチング ・人事関連など、秘匿性の高い会話 ・プレゼンテーション ・自分が講師の教育	・定例のグループミーティングなどの双方向型の連絡や報告 ・関係者全員からの意見の収集、合意形成など ・複数人数で議論したうえでの問題解決 ・アイデア創出のためのブレインストーミング ・定期レビュー、営業報告などのフィードバックが必要な発表	・上司や経営層からの情報伝達 ・決定事項の報告 ・社長訓示 ・説明会・セミナー ・研修・トレーニング
■特徴	**■特徴**	**■特徴**
・自分主体で発言機会が多く、常に話す ・相手側の発言を確実に聞く必要がある ・情報の流れが自分→相手のため、途中で席を外せない ・自分にとっては当たり前の情報、相手に価値ある情報を「渡す」	・自分主体でも相手主体でも、発言機会が多く常に話す ・会議中の相手側の発言を確実に聞く必要がある ・必要に応じて席を外しても会議は進行する ・必要に応じて、会議参加者が途中で増えるケースがある ・会話・会議の成果として新しい方向性やアイデアが発生する	・相手主体で発言機会がない ・相手側の発言を聞き漏らしても影響がない、または少ない ・極端な話、自分がいなくなっても問題ない ・既存の情報だが、自分にとっては新しい情報を「入手」する

|図表11| リモートワーク現状・テーマ設定

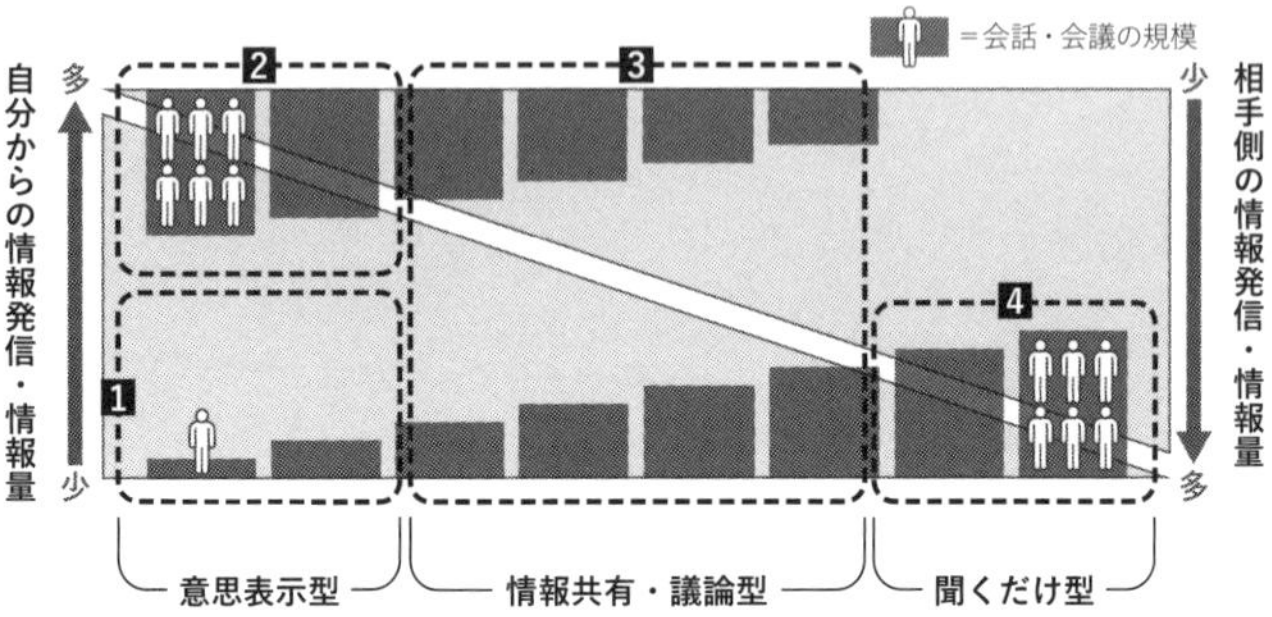

1 1:1の深い対話

① 相手からのコンタクトなど、即時性が高く、頼りにされる会話。自分の頭のなかの情報、または少し調べて相手に伝える情報提供が主体。相手側の準備はできているが突発的なケースが多い。会話時間は短い

② コーチングや報告、人事関連など、ある程度準備が万端な状態で発生する会話。周囲が騒がしくなく、話している内容も聞かれないなど、落ち着いた状態で話すことが理想

2 1:Nの通達・報告

プレゼンテーションや報告など、1:1と同じくある程度準備が万端な状態で発生する会話。周囲が騒がしくなく、話している内容も聞かれないなど、落ち着いた状態で話す事が理想

3 N:Nのチームコミュニケーション

① 一見業務とは関係のない形で他の人に聞かれても支障がない「雑談」。途中参加・退出が多い

② 気軽な「チームコミュニケーション」、「ブレインストーミング」。途中参加・退出もある

③ 機密情報、深い情報のディスカッションなどのしっかりした「会議」。あらかじめ決められたメンバーが主体

4 聞くだけでも問題ない大規模系通達

必要な情報が共有されるが、あとで参加者からキャッチアップ可能なものや即時性が低いなど、参加有無がそれほど本質に影響しない情報通達系の会議。意見を伝えるなど、こちらからの発言機会がない、または非常に少ない

ナリオを見いだしていったのです。

手軽にいつでもコミュニケーションをとれる「柔軟」性を実現するためにはモバイル端末やパソコン上のブラウザで簡易的に使用できる会議システムの導入を、秘匿性や静寂性が必要な会議の「集中」性を実現するためにはオフィス内に個室や半個室の設置を、チームワークを深める目的の「リッチ（没入）」な体験のためには画面の切り替わりや視界の広さについて対面の体験に近づける効果のある高機能なテレビ会議システムの導入をすることが案に挙がったのです。

このように、具体的な事象に対する対応策を協議するよりも、企業が抱える課題や問題に対するアプローチを概念化し、抽象化したほうが課題や問題に適切にアプローチできる場面は多々あります。この事例の場合は、「リモートワークを導入したい」という非常に具体的かつ表層的な問題にそのままアプローチすると、多機能のリモートワークシステムを導入して終わりになりかねませんでした。しかし、「柔軟」「集中」「リッチ（没入）」というシナリオを見いだしたことで、各シナリオに合う適切な施策を検討することができたのです。

各施策の実施の検討や予算の獲得についても、抽象化・概念化して論理立てて検証を行ったことで、各シナリオに沿った会議の頻度や量なども可視化され、検討が容易になるという効果もありました。自社にどの属性の会議がどの程度あるかという数字に基づいたファクトベースでの検討を事前に行っているため、システムや設備導入費用がかさむ場合でも、その費用が適切か否かの判断が行いやすいというメリットもあります。

課題の整理を可視化して合意を得る手法も

現状を把握する段階で抽出した課題のマッピングを行い、整理して時間軸に並べ、課題解決のための優先順位とスケジュールを早い段階から出していくという手法も見通しを立てることを重視する企業においては効果的です（図表12）。

図表12上段では、現場からヒアリングした課題をカテゴリ分けしたものに番号を割り振り、「優先度・重要度」と「難易度・リソース」の2軸に分けて整理しています。課

図表12　優先度／難易度調整

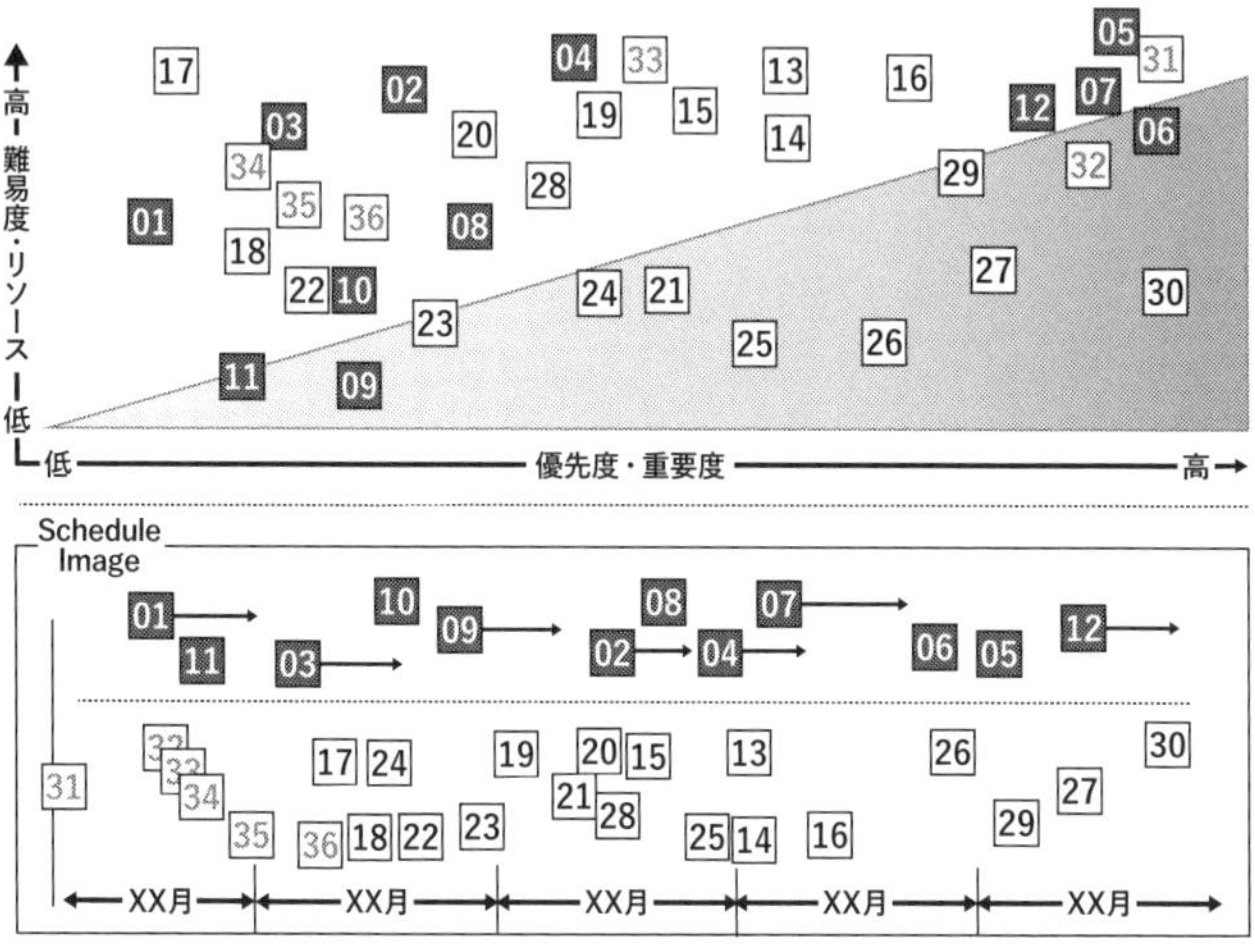

題が非常に多い場合には、このように羅列ではなくマッピングを行うことで、取り組むべき課題の優先順位だけでなく、優先度・重要度と難易度・リソースの2要素を考慮したうえで取り組みを断念すべきものを判断しやすくなります。

　この判断を基に取り組みのスケジュールを仮組みすることで、ＤＸプロジェクト全体の規模感や取り組みのスピードなどをおおまかに把握できるようになります。こうしたアプローチも、まずは全体のアウトラインを把握し、多くの関係者の合意を得たいという企業には有効な手法です。

課題の棚卸しは必須の工程

目標やビジョンを具体的に探る課題のヒアリングとその棚卸しは、非常に重要な工程です。この工程を経ることで、目標やビジョンの背景について関係者の理解が深まり、さまざまなアイデアが生まれやすくなります。加えて、策定した目標やビジョンが妥当か否かの検証も行うことができるようになります。時には、潜在的な課題が浮かび上がってくることもあります。

例えば、とある中小企業で「ペーパーレスで効率化を図りたい」というプロジェクトがもち上がったとします。これに対して、現場をよく検証することなく使用できる紙の枚数制限を行うなどして無理にデジタル化し、ペーパーレスを推進する施策は効果が不明瞭なことは検証するまでもなく明らかです。紙媒体を使用する背景には企業それぞれの潜在課題が存在します。紙の網羅性の高さに依存した目視処理を行っていたり、工程を管理するシステムを紙が物理的に回覧されることで補っていたりする場合などがこれに当てはまります。

ある企業では、経営者が「紙を基本とした書類管理が基本であるため効率が悪い。ペーパーレスにすれば効率が上がるはずだ」と考えて、デジタル技術の導入を行おうとしました。しかし、現場でヒアリングを行ってみると、紙の管理が主流である背景には、書類の書式フォーマットが大量に存在し、電子データでの管理が非常に煩雑で分かりにくくなっているという状況があったのです。つまり、この企業の顕在課題は紙での書類管理でしたが、潜在的な要因は書類分類の分かりにくさと整理の不足だったのです。この結果、まずは経営者の求めるデジタル化の目的とビジョンから再考し、フォーマット数を絞り込んだうえでデジタル技術をどう活用するかを考えることになりました。

このように、課題の抽出と棚卸しには、自社が抱える課題について正確に認識する必要があります。顕在化している課題の背景に何があるのかを探り出し、それがデジタル技術の不在によるものなのか、企業の風習によるものか、従業員の意識上の理由によるものかを明確にしなければこのあとの具体策は効果的なものにはなりません。課題の抽出と棚卸しを繰り返し、都度すでに目に見えている顕在課題に加えて、その課題に隠された潜在課題をすべてあぶりだしたうえで、何をすべきかを考えていく必要があるのです。

課題の抽出には工夫が必要

課題の抽出は論理的でスマートな工程のように見えますが、実際には非常に苦労が伴う作業です。多くの人は自分の価値観でしか物事を見ることができません。そのため、「今困っていることを聞かせてください」と依頼したとしても、現場にある課題が網羅的に列挙されることはないのです。時には、本質的な課題でなくその個人にとって「不快」なことが問題点として挙げられる場合もあります。さらには課題について質問しても、自身を取り囲む問題点について客観視し抽出することが難しく、何も出てこない場合もしばしばです。

ヒアリングについても、聞き取りを実施しながら試行錯誤し、適切な対象者を探っていくことが必要です。この対象者については、社歴が長く業務に通じている人が最適とは限りません。社歴や業務担当が長い人物の場合、できること、できないこと、課題などを非常に端的に聞き取ることができる可能性は高くなりますが、当たり前となっている事項が多過ぎて潜在化している要素が抽出できない場合があるからです。

課題をできる限り多く集めるには、さまざまな角度からアプローチをするしかありません。単に「課題のリストをワードやエクセルにまとめてください」と依頼するだけでは不十分で、ワークショップを開いて複数の切り口から考えるヒントを提供したり、質問項目が設定されたテンプレートへの記入を促したり、時には飲み会に参加して感情論や愚痴を含めた非常に定性的な意見を集めたりすることも有効です。また、社内の意思疎通と言語化能力に長けたキーマンを探すことも一つの方法です。このように、さまざまなアプローチで社内の情報を集めることが課題を抽出する第一歩になるのです。

図示で組織を理解し情報を引き出す

変革や革新を起こすべき企業や部署の状況が複雑な場合には、図にしてその全体像を把握することも有効です。例えば、組織全体の課題や問題点についてヒアリングを行った場合に、うまく意見が集まらないような場合には、図表13のように主要な業務プロセスを図で示したうえで質問していくことも手法の一つです。

ある企業の商品売買の工程一つをとっても、図で示せば非常に細かなやりとりがあることが分かります。この図があれば、ヒアリングをする側・される側がプロセスを見ながらコミュニケーションができるため、問題の把握がしやすくなります。顧客からの見積もり依頼一つをとっても、見積もり依頼のためのステップがいくつで、その手段には何が使われているかという具体的な話ができるようになります。例えば、顧客からの見積もり依頼の7割がFAXで、それが業界の習慣と化している場合には、その工程のデジタル化は難しいのではないかという議論につなげることもできます。

工程を図にすることによって関係者の認識を深めると、より多くの情報を集めること

図表13　主要な業務プロセス

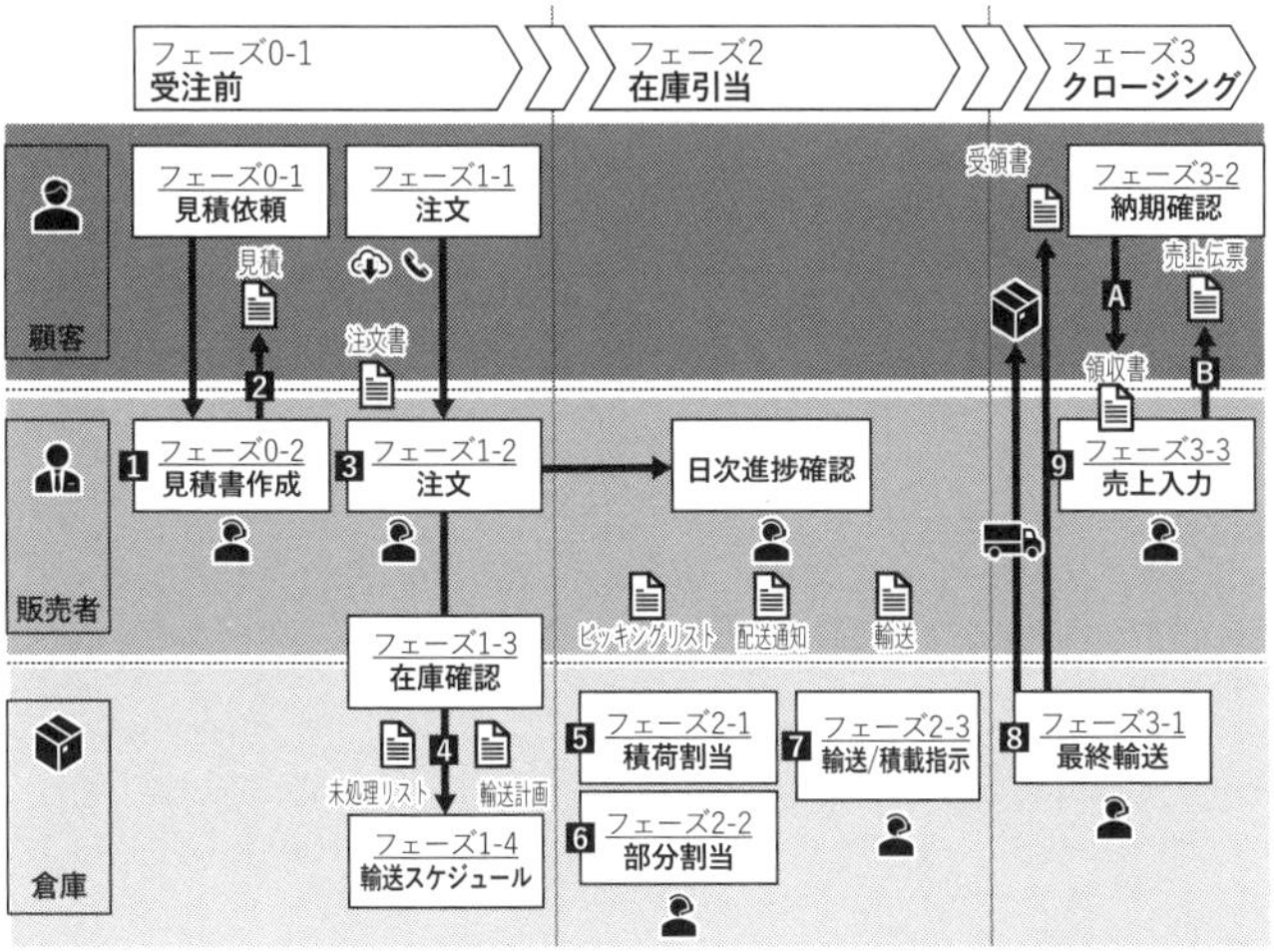

が可能になります。変革や革新の答えは必ず組織の中にあるため、情報を得れば得るほど変革や革新のためのアイデアを得やすくなるのです。

　このように、ヒアリングを行ったうえで組織内のさまざまな情報を基に図示を含めて分析し、今後なすべきことを整理していきます。そうすれば、自ずと次のアクションに結びつくヒントが現れてくるはずです。

意識課題とデジタル課題を分けて考える

ヒアリングにより収集・分析した課題については、デジタル技術を使ったアプローチが可能である「デジタル課題」と、人の行動や習慣などの変容が必要な「意識課題」の2つに分けて考えます。例えば、「紙での管理が主流で業務が煩雑」ということに対して、ツールを使った押印や承認、ドキュメント管理というアプローチを行うことができる側面がデジタル課題で、紙で確認や回覧ができなくなることへの抵抗感や、紙での管理を廃止した場合のオペレーションの問題が意識課題です。シミュレーションや話し合いが必要な工程は意識課題といえます。

一般的に、デジタル課題を解決することは簡単です。デジタル技術が進歩した現在においては、あらゆる工程においてデジタル技術を介在させることはいくらでもできる状況だといえるのです。一方で、特定の企業の課題の解決策としては、課題に対して機械的にデジタル技術でアプローチすることが正しいとはいえません。その企業の所属する業界慣習や企業風土、従業員のリテラシーによって、導入したデジタル技術を使い続けることができるかという問題があるからです。場合によっては、デジタル技術としてのレベルを多少下げてでもオペレーション上に無理がない設計にすることが求められます。

検討のプロセスとしては、課題に対してまずはデジタル技術を使ったアプローチとして何ができるのかを考えます。そのうえで、その企業に合わせたオペレーションを考えていくと、大半の場合は意識課題が要因となって何かしらの阻害要因が現れます。この意識課題を解きほぐし、デジタル技術でのアプローチやオペレーションを調整することを数度繰り返して全体へのアプローチを検討していきます。

このように、ＤＸにおける課題へのアプローチとしては現場の業務と乖離を起こさないことがなにより肝要です。ＤＸやデジタル技術の導入というと、つい最新の技術を取り入れることがお題目になってしまい「メタバースや人工知能を使ったＤＸを！」となりがちですが、自社の課題に対してメタバースや人工知能が最適解であるかは分かりません。ＤＸのアプローチにおいては、自社の課題を適切に抽出したうえで分析し、意識課題を無理なく解決できるレベルでのデジタル技術の導入を行う必要があります。デジタル技術の都合だけで計画が組まれ、プロジェクトが進行してしまう事態は避けなければなりません。

課題に対して開発計画やツールを当てはめる

組織や業務に関しての十分な情報が収集でき、ある程度課題が整理できた段階で、デジタル課題に対して開発計画を立て、適切なツールを割り当てていきます。課題の一つひとつを咀嚼してカテゴライズし、「デジタル活用の不足」「プロセスの問題」など要点を割り振り、仮説としてデータの基盤やデータ活用の準備、追加で必要な開発などを当てはめ、社内で必要なアクションを列挙していきます。

それぞれの開発プロジェクトやツール導入、社内で必要なアクションについては、どのようなポジティブな要素があるかをマッピングし、経営者など意思決定者にプロジェクトの目的と定義を明確に示せるように準備していきます。この段階では、それぞれの課題に5W1H（When、Where、Who、What、Why、How）を明確にすることで、プロジェクトの方向性をできる限り見えやすくし、合意を得ることが肝要です。

この開発計画の立案やツール選定、工程はさほど難しいものではありません。自社の人材で判断が難しいようであれば、外部のコンサルティング会社などの協力を得れば簡単に答えが見つかります。こうした課題に対するアプローチは一般的なＩＴコンサルティング企業が最も得意とするところです。一方で、この前段階の変革について、目標やビジョンの策定、課題の抽出や整理が得意な企業ばかりかというと、そうではありません。重要なことは、開発のプランやツール選定の根拠となる自社の方向性と現状をしっかりとまとめ、合意しておくことです。この点をしっかり把握・合意できてさえいれば、コンサルティング会社に提案される内容についても明確に判断することが可能になります。

施策の方向性が目標・ビジョンと逸れないようにする

デジタル技術の導入に伴う開発計画やツールの選定、アクションプランの立案の段階で重要なことは、その施策の方向性が企業としてまとめたＤＸの目的・ビジョンと結びついていることです。理想論としては、すべての施策が目的・ビジョンと結びついているべきですが、プロジェクトが大規模になってくるとすべてのアクションについて確認することは難しくなります。まずは経営者や責任者と大筋のところで合意をしておき、それをベースに実務担当者と細かく調整していきます。

プロジェクトの推進時には、現場からさまざまなアイデアが提起されるため、その意見を柔軟に取り入れていくことが求められます。ただし、その効果・効能が良いからといって企業の策定した目的やビジョンに沿わないものを取り入れないように注意が必要です。

例えば、Ａ社は「人間らしさの追求」を重視し組織が健全に成長する状態を目指す「ＨＸ（ヒューマントランスフォーメーション）」をＤＸのビジョンとして掲げています。

ＤＸプロジェクトの推進に際して店舗やマーケティングの担当者から、顧客データを収集して頻繁にＤＭ（ダイレクトメール）を配信して売上を向上させたいという意見が出ました。特定分野の商品の取り扱いに強い企業にとってＤＭを活用したマーケティング施策は非常に効果が高いものです。また、ＤＭの活用は配信数に対するクリック率やコンバージョン（商品・サービスの購入や資料請求などの目的達成）率などを測定しやすく、効果が検証しやすいことから、通信販売の施策として盛んに用いられている手法です。実施しながら精度を高めていけば、売上が伸びることは容易に想像がつきました。

一方で、顧客に頻繁にＤＭを送付するという売上の向上のみを目的とした行為がＡ社の掲げる「人間らしさの追求」「ＨＸ」という理念に合致するかといえば、疑問符がつきます。デジタル技術を活用して手段を問わず売れる施策を実施すればよいわけではないという判断基準から、そのＤＭ施策案は退けられることになりました。

このように、施策の決定や現場での遂行の時点では必ず一つひとつのアクションが当初の目標やビジョンに合致しているかを検証することが必要です。ただ、この合致しているか否かの判断基準の精度については悩ましいところです。この判断基準の拠り所となるのは、当初の目標やビジョンの策定段階で関係者といかに深く話し合い、合意を形成していたかという点です。担当者と経営者、現場はもちろん、経営者と現場、中間管理職と現場など、それぞれ利害や方針が衝突し合う関係者同士で同じ目標やビジョンをもてているかがこの段階で試されるのです。

具体事項の決定・推進事例①

現場が時代に即した変革を拒む場合は、策定された目標やビジョンの推進に関するインパクトを少なくすることが肝要です。そのため、ヒアリングをはじめとする現場への根回しをいかに行い、対価を設定するかが重要です。

産業用機械の製造・販売を行うC社は、新型コロナウイルス感染症の流行時でも頑なにリモートワークを導入してこなかった企業でした。リモートワークを避けてきた理由は経営者の判断ではありません。現場のワークフローと抵抗感です。

Ｃ社は特定の業界に向けた産業用機械を扱っているため、製造現場にはいわゆる職人的な従業員が非常に多くいました。現場に長くいる人がコミュニケーションの主導権を握るアナログな口頭伝達で業務が運用されている状況にあり、このため、従業員は出社しなければ業務を行うことが難しいと考えていたのです。また、基本的に紙媒体での承認・回覧が行われており、社内説明も書類がベースであるなど、さまざまな紙媒体の管理が必要なうえ、書類のダブルチェックの必要性などから、在宅で勤務しづらいという環境にありました。

こうした環境に対して、Ｃ社の経営者は危機感をもちつつも手をこまねいている状況でした。創業家の三代目社長で他企業での勤務経験もある経営者は、非常に前時代的なＣ社の習慣を現代的なものにしたいと考えていましたが、業界知識と製造のノウハウが非常に問われる領域だけに、現場の根本的な改革には踏み込めないでいたのです。

そこで私たちに依頼された役割は、まずは「リモートワークくらいはできるようにしたい」という経営者の希望に基づいて、Ｃ社の改革案をまとめ上げることでした。当初は経営会議の場に参加し、各部門の取締役から課題をヒアリングし、その対応策について仮定の案を出していくことから始めたのです。

C社は経営者が悩んでいるだけに、取締役からのヒアリングと話し合い自体も非常に難航しました。課題は出されるものの、それを聞くや否や、別の取締役から実務上その対処が難しいという声が上がります。非常に変化に消極的な空気のなか、否定的な意見に対する対応策を提案する形で情報を引き出し、目標とビジョンを作成していきました。その結果、C社のビジョンは「時代の変化に合わせた転換」に決まりました。現在では内製が大半だったさまざまな機能のアウトソースなどを用い、社内の人材を柔軟に配転して新しい取り組みを行うことでC社としての価値創出を目指すことになったのです。

しかし、このビジョンを基に現場のヒアリングを進めようとしましたが、こちらもうまくいきません。現場のキーマンとなりそうな人を選定してもらい、課題を提出してもらいましたが、課題が挙がるというよりは変化できない理由ばかりが集まってしまう状況です。このままではプロジェクトが進行しないと判断し、今度は現場をよく知る役職者のスモールグループをつくってもらうように依頼し、営業や製造現場、バックオフィスそれぞれの部門で話を聞くことにしました。

業務プロセスをフローチャート化してヒアリングしていった結果は、経営者や取締役から聞き取った課題から大きくは外れないものでした。経営陣は現場の「問題があることは分かっているが、できない」という意見と立場をよく理解していたのです。この企業の場合に必要とされたのは、一つひとつの課題に対して現場が「できない」と考えるポイントに対して分析・整理し、解決策を当てはめていくことと、変革の工程自体に対する抵抗を最小限に抑えることでした。また、現場では業務プロセスに沿って構築された基幹システムを使っていたのですが、現場から出る提案はダブルチェックなどの工程を省略するためには、現在の基幹システムに機能を追加すべきではないかという発想をしていました。現状を是認することで、より業務が煩雑になる発想をしていたのです。これについては、基幹システムの根本を見直すことで業務プロセスをシンプルにするという発想の転換が必要でした。

C社の場合は、変革に対する従業員の強い反発が存在したので、そのアプローチ自体に反感をもたれないよう経営陣と協力して取り組んでいきました。ヒアリングに際しても、変革に理解がなければ外部のコンサルタントと話をする時間は無駄ととらえられてしまいます。そのため、変革への協力が評価につながるように経営陣には根回しをしておき、ヒアリング等で協力をした従業員を経営陣が積極的に褒めるように依頼をしてきました。

収集した課題は、当初の経営者や取締役から聞き取った内容とさほど変わりはないもので、主にアナログな会話での情報伝達や紙媒体を中心とした確認、回覧・承認がリモートワークを阻んでいる要因でした。このため、情報伝達については、アナログな会話にならないように情報伝達をする際は、ルールを定めたうえでメッセージを掲示板形式でやりとりできる社内SNSツールを導入しました。また、紙での回覧・承認フローをなくすためにクラウド上で承認や押印ができる電子決裁システムの導入も同時に進めたのです。

システムの導入にあたっては、それまでの業務フローから大きく乖離しないようにデジタル化のフローを設計し、適したサービスを選択しました。その結果、当初は予想どおり操作方法などで多少の違和感を訴える声はあったものの、さほど大きな抵抗はなくC社の業務の主要な箇所をデジタル化することができました。

こうして、Ｃ社はリモートワークができるようになり、出社する社員の数を常に一定数減らすことができるようになりました。広い社屋を維持する必要がなくなったＣ社はその後移転し、従来は島型のレイアウトでインターネットを有線接続していた状態から、ｗｉ－ｆｉ接続ができるフリーアドレス型のモダンなオフィスで業務を行っています。さらに、以前は低調だった新卒採用の募集について、より条件が良い人材が多数集まるようになったという良い結果も生まれたそうです。

Ｃ社は現在、基幹システムの再構築に取り組むことで、全社的にアナログなシステムから脱却し、柔軟に業務を外注できる体制へ変革するという、いわば最終フェーズに差し掛かっています。この工程に至るまでに4年の期間を要しましたが、その理由はデジタル技術の導入について多くの従業員の賛同が得られるように徐々に計画を進めていったためです。Ｃ社の改革にはさほど難しい点はなく、コンサルタントである私たちにとってはありふれた事例ではありましたが、当初はその全体像を示してもＣ社の多くの従業員にとってはすぐに受け入れられるものではないようでした。このため、細かく合意を得て少しずつ進めていったのです。

この事例においては、課題の抽出のためのヒアリングの段階で、さまざまな工夫を凝らさねばならないという事情がありました。結論として、抽出した課題は経営者や取締役から聞き取ったものと同様でしたが、その後の施策実行のためには必ず当事者となる現場から意見を聞き理解を得るというプロセスは欠かせないものでした。このため、ヒアリング協力に対する経営者や取締役など上長からのポジティブな声掛けや評価という仕掛けを用いて、DXに取り組むことへの理解を得ていったのです。

この手法はあらゆるDXのプロジェクトにおいても取り入れる必要があるものです。経営陣のフォローが行き届かない大企業などの場合では社長賞を設定して担当者や協力者が賞を取りやすいようにするという仕掛けを行うことも一案です。また、DXのプロジェクト自体や一部の取り組みが頓挫した場合に担当者の責任が問われるような事態も避けねばなりません。主体的に取り組んだ人物が罰せられるようでは、社内の変革の気風は一気に萎えてしまいます。少しの失敗で揚げ足をとられないよう社内の事情をよく聞き、関わった人がその成果にかかわらず認められるように、経営陣や上長とよく合意しておかねばなりません。要は、変革に関わると良いことがあるという状態にするのです。変革を起こすことで自分に悪いことが振りかかるかもしれないと感じるプロジェクトからは人は離れてしまうのです。

具体事項の決定・推進事例②

同じく製造業であるＤ社は経営者が「とにかく何かＤＸをしなければいけない」という焦りの下、社内の改革に取り組んだ企業です。経営者にＤＸの具体的なアイデアがなかったため、まずは現状の確認と現場への詳細なヒアリングをして現状把握を行ったうえで、「本業の躍進」というビジョンを定めて、顕在課題と潜在課題の洗い出しを行い、施策を決めていきました。この結果、３つのプロジェクトが設定されました。

３つのプロジェクトを立てるうえで、Ｄ社についてはどこにデジタル投資をするか見定めるために、まずは働き方の情報収集と分析を２カ月間行いました。現場の責任者にヒアリングを実施し、すでに顕在化している課題やニーズを確認し、全従業員の業務時間をリサーチするとともに、社内ＩＴシステムの棚卸しを行いました。

次のステップとしては、この収集した情報を基に、従業員の業務時間を「本業」「削減」「増加」の3軸でカテゴライズしていきました。本業とは、営業担当者であれば相手先に営業に行く時間、工場勤務者の場合は製造に従事する時間が該当します。「削減」は本来ならば減らしたいと考えられる時間で、例えばダブルチェックを行う時間や、メールでの連絡に費やす時間など、会社に効果を直接的には生まない時間です。最後の「増加」は経営者が本来は増やしたいと考える時間で、例えば従業員同士の議論やブレインストーミング、新規事業の企画、研究開発などがこれに当たります。こうした分類を行ったうえで、それぞれに対するアプローチを考えていきました。

このなかで「削減」に分類される業務については、デジタル技術の導入と非常に親和性が良いといえます。これについては、複数あるプロセスを減らすことができるツールなどに投資を行います。ここから、デジタル技術を活用して、「削減」の業務を減らして「本業」「増加」の業務をいかに増やしていくかを考えることが施策の中心になりました。

この結果、紙媒体で行われていた製造現場の報告書作成をデジタル化することで、製造上の検査等で得た数値を自動でデータサーバに保管し、毎日の連絡・報告の時間を削減するなどの取り組みを行いました。これまで社内で行われるコミュニケーションの時間の大半を占めていた紙の回覧とメール業務も、できる限り社内ＳＮＳに移行することで、会話を簡素化するとともにやりとりの履歴を残し、異動等の人員の交代があった場合にも引継ぎをしやすくする環境を整えました。

加えて、こうした新しいシステムがある程度普及してきた段階で、社内の議論活性化のためにオフィスレイアウトの変更なども実施しています。社内での議論や企画を活性化するために密室の会議室の数を減らし、カジュアルにディスカッションができるソファと椅子の簡易的な会議スペースをオフィスの至る所に設置しました。研究開発の現場についても、社内ＳＮＳの導入などにより削減された時間に１on１のミーティングを行う制度を取り入れることで、ベテランに限らず若手社員からもさまざまなアイデアを得られる環境を整えました。

総合して振り返ると、Ｄ社においては「削減」にカテゴライズされた業務の時間は数値のうえで明らかに減少しました。このため「本業」にカテゴライズされた業務に割く時間は自然と増加し、社員からは業務を行ううえでゆとりが生まれたという意見が出るようになりました。「増加」にカテゴライズされた議論や新規事業の企画、研究開発などについては、まだ成果ははっきりと出ていない段階ですが、今後はこの体制の定着を図るとともに、「増加」にカテゴライズされた業務の促進に向けてアプローチを模索していく予定です。

この事例における一つひとつの施策は、実施の難易度は決して高いものではありません。しかし、漠然と「DXをする」と考えていただけでは、具体的な施策にたどり着くことはできなかったと推測することができます。今回は従業員の業務時間についてのアプローチでしたが、同様の切り口は顧客や消費者、取引先とのコミュニケーションや、従業員のキャリア設計、社内の文書管理などさまざまな面で有効です。

DXプロジェクトに特段具体的な要望がない場合は、まずは情報収集を行って向かうべき方向性を目標やビジョンとして絞り込み、その方向性に従って現状を分類することで自ずと行うべき施策は見えてきます。

重要なことは、この施策がデジタル技術の導入で終わらないことです。アイデアの創出やコミュニケーションの活性化についてデジタル技術が貢献できることはごく一部です。この活性化を支えるのは、議論をしやすい社風であり、それを支える制度であり、従業員や責任者、経営者の意識づけでもあります。また、時にはこうした意識を生みやすいオフィス環境などの整備でもあります。こうした定性的な要素についても、ヒアリングを基に丁寧に拾い上げ、設計に組み込むことが重要です。そのうえで、デジタル技術の導入と新しい制度導入を複合的に、少しずつ進める必要があるのです。

壮大な目標よりも小さなステップが重要

目標やビジョンを設定し、ヒアリングのうえ課題を抽出し、それに対するデジタル技術を含めたアプローチを考えるうえで、重要なことはネクストステップの設定です。目的やビジョンで定めた壮大な目標を達成するにはどうすべきか、という視点でプロジェクトを考えると、その工程が見えなくなりがちですし、プロジェクトメンバーに焦りも生まれます。

そうした急激な変化を求めるよりも、小さな段階を設定し、一つひとつ達成すべき項目を細かく割り振ったうえで、その段階での自らの姿を客観的に認識し、進んでいくことが重要なのです。こうすれば、目指す場所を変えることなく、取り組むプロジェクトメンバーを取り残すことなくＤＸを進めることができます。

ただし、このステップ一つひとつの設計方法については、企業の社風やプロジェクト内容によってさまざまで、ノウハウ化できるものではありません。1つめのステップと2つめのステップの労力や難易度は異なって当然ですし、アプローチも変わります。

重要なことは、プロジェクトメンバーの皆が理解でき、達成しやすいステップを細かく設定し、ゴールまでの道筋を示したうえで皆がその階段を上っていくことなのです。

外部提携先の選び方

ここまでの工程について、考え方を理解できたとしても自社では実行することが難しいと考える人は多いと思います。その場合、必要に応じて外部の力を借りる必要があります。日本中がDX推進に突き進む現在、IT業界のさまざまな事業者がそれぞれの立場に基づいてDX支援サービスを提供しています。その属性によって提供するサービスについては少しずつ特色が異なるため、自社に足りないと考えるリソースをもつ企業と適切に提携し、助力を得ることが肝要です。

あくまでも私見ではありますが、DX支援サービスを提供する企業は大きく分けて5つに分類でき、そのビジネスの形態から支援内容も少しずつ異なります。彼らの特徴として踏まえておくべきことは、その提供するデジタル技術については、さほど比較対象にならないということです。一部の企業を除いて、ある程度実績のある企業であれば、今やどの企業にもデジタル技術に関しては卓越したスペシャリストが在籍し、その技術力については一般企業が活用するうえでは問題ない程度のサービスが提供されます。

そのなかで彼らの提供するサービスを差異化しているものは、そのデジタル技術をどう組み合わせ、客先に合わせた形で提供するかという定性的な分野です。デジタル技術そのものの機能性や価格は定量化して比較しやすいためアピールポイントとして挙げられやすい傾向にありますが、提携先を選択する際にはその企業が自社にとって必要とするポイント（例えば目標やビジョンの設定、地道な従業員へのヒアリングによる課題の抽出、社内のＤＸに向けた意識づけなど）を実行できるかをよく見定めたうえで依頼するべきです。

【ＤＸ推進サービスを提供する企業】

①戦略コンサルティング・シンクタンク系企業

名の知れた大手のコンサルティング企業で、近年はこれらの企業も戦略コンサルティングにデジタル技術の導入を組み合わせたＤＸ推進サービスを提供しています。

彼らのサービスの特徴は、グローバルな動向を踏まえた洗練された最先端の戦略メソッドのバリエーションを数多く保有していることです。戦略メソッドは、グローバルおよび日本の非常に優秀な専門人材が練り上げたもので、株主への説明や企業としてのＰＲの有効性、世界的なビジネス動向への合致性など、非常に多方面に目配りされています。このため、特に大企業における中長期的な経営戦略・企業戦略にＤＸを組み込み、成果を出すという試みには非常に相性のよい提携先といえます。

戦略コンサルティング・シンクタンク系企業に関しては、以前は戦略のみを提供し、デジタルの実装に関しては提携する他社に依頼してともに支援サービスを実施するという形式が主流でした。しかし、近年は社会のデジタル実装のニーズの高まりを受けて機能を内製化したり、提携企業を子会社のような位置づけにしたりして一体感をもって提供する形式が増えています。そのため、ＩＴコンサルティング系企業との違いが薄れてきています。

洗練された戦略メソッドを生み出す戦略コンサルティング・シンクタンク系企業については、その頭脳や能力について非常に高いブランド力があります。このため、中小企業であっても、資金に余裕がある場合にはこうした企業の支援を好んで受ける経営者もいます。ただし、中小企業がこれらの企業に支援を依頼してうまくいくのは、あくまでも相性が合った場合だけといえます。戦略メソッドは洗練されているだけに、中小企業の体制や考え方になじまないことがあるからです。

ある程度フォーマットに沿った戦略へ当てはめる形になるため、小回りの利いた対応が期待できないこともあります。戦略コンサルティング・シンクタンク系企業は大企業であるだけに担当者間のコンサルティングやデジタル技術に関する知見にばらつきがあります。このため、自社に合ったサービスの提供を受けるためには、中小企業自らが主体的に戦略コンサルティング・シンクタンク系企業の担当者をコントロールする必要があります。中小企業がこれらの企業に支援を依頼する場合には、あくまで経営者や自社の社員が戦略コンサルティング・シンクタンク系企業の担当者と対等に渡り合い、提案に対する指摘やリクエストを行う気力と実力をもっているということを前提にすべきです。

②ITコンサルティング系企業

自社やグループ企業、パートナー企業において豊富なデジタル技術の開発能力をもち、その成果として生まれたソリューションに基づくコンサルティングを行う会社です。システムインテグレーター、ＳＩｅｒ（エスアイヤー）とも呼ばれます。

もともとは自社のデジタル技術によるソリューションを提供することが基本でしたが、近年は戦略コンサルティングを行う部署や子会社をもつようになり、提供するサービスは戦略コンサルティング・シンクタンク系企業と大きく異ならない機能をもつようになっています。自社グループの製品を推す傾向はあるものの、近年はデジタル技術についての商社のような役割をもつようになっているため、顧客の要望に応じた柔軟なサービスの提供も可能になっています。

これらＩＴコンサルティング系企業は日本企業が非常に好む提携先です。自社がしっかり意志をもって依頼した場合はもちろん柔軟に応えてくれますが、あまり意志やアイデアがない場合でもそれなりに形になるものを提案してくれるからです。つまり、丸投げをしても何かしら形にしてくれるのです。

ＤＸについての提案を依頼すれば、会社の規模や業種に沿って、自社およびグループ会社が提供するデジタル技術を盛り込んだ戦略、ソリューションとともにしっかりした見積もりが提出されます。予算が豊富にあり、時間を節約して自社の状況に合ったそれなりのものが導入できればよいという考え方であれば、この手法で提案を受けるのも一つです。実装してみて、もしトラブルがあっても、その都度新しいデジタル技術を導入して調整していけばよいからです。

しかし、この丸投げの依頼手法では、たまたま自社の課題に合致していたという幸運がない限り本当の変革や革新は生まれません。ＩＴコンサルティング系企業のもつ提案力を活かすためには、自社で考え、提案を検討し、軌道修正していくリーダーシップが必要なのです。

③ＩＴベンダー系企業

ビジネスチャットツールや会計システムなど、自社で開発したツールやシステムを販売している企業です。ツールの導入はあくまでＤＸ施策の一部に過ぎませんが、多くのＩＴベンダー企業は「この商品を導入することでＤＸを実施できる」というアピールを行っている傾向にあります。

これらの、機能に特化したツールやシステム自体は悪いものではありません。それぞれの業務場面の効率化のために非常に緻密に設計されたものであるため、うまく活用ができれば業務の効率化だけでなく社内の意識変革や体制の変化につながることもあります。重要なことは、これらのツールやソフトウェアを導入する際に、導入企業側が十分に議論を行い、戦略的にその機能を吟味したうえで導入したか否かです。

ITベンダー系企業を提携先に選択し、ツールの導入をした場合は、戦略コンサルティング・シンクタンク系企業や、ITコンサルティング系企業に依頼する場合と比較して、費用が抑えられるため、予算が少ない中小企業にとっては時に非常に魅力的に映ります。一方で、ITベンダー系企業に何も考えがない状態で依頼すれば、その企業のもつ製品・サービスを前提としたDX案が示されるのみにとどまるため、企業にとって本当に必要とされる内容か否かの判断ができなくなります。

ITベンダー系企業は導入企業のサービスを知り尽くしているため、あくまでDXの一部と位置づけ、その目的を明確に伝えれば、導入に関しての道筋は非常に精緻に提案を受けることができるはずです。依頼をする場合は、事前に自社のDX施策についてよく整理し、その導入の目的を明確化したうえで実施するべきです。

④ベンチャー系企業

ＡＩ技術など、オリジナルの最先端のデジタル技術を核としてサービスを提供する企業です。技術力や開発したツールを強みに、ＤＸソリューションを提供するベンチャー系企業が近年は増加傾向にあります。

これらの企業は開発会社や戦略コンサルティング・シンクタンク系企業からの開発受託会社としての側面ももっています。例えば、戦略コンサルティング企業が戦略を作成したうえで、その後に開発を依頼するのがこうした技術力をもつベンチャー系企業なのです。そのため、戦略コンサルティング企業と同等の議論を自社で実施できるのであれば、このベンチャー系企業にデジタル技術の導入について依頼することで、うまくいけばコストを3分の1程度に抑えることが可能です。デジタル技術を活用した社内改革の目的がはっきりしており、自社にエンジニアがいて適切に発注とその後のコミュニケーションができる場合には、こうしたベンチャー系企業を提携先としてＤＸを実施することも良い手段になります。

ベンチャー系企業はあくまでも技術力・開発力に特化した企業であるため、戦略面を担保できるか否かは企業によって異なります。ＤＸ施策において依頼する場合、デジタル技術の導入に関しては非常に頼りになる存在ですが、その前段階の戦略の策定に関しては担当者の能力や提供されるサービスの内容をよく見極め、依頼側企業がコントロールすることが必要です。

⑤バーサタイリスト系コンサルティング企業

①〜④のどのカテゴリにも当てはまらない、遊軍的な側面をもつコンサルティング企業です。バーサタイリスト（多能工）的な性質をもち、親会社や主要取引先のしがらみをもたない立場で、デジタル技術を活用した変革や革新についてのアドバイスを行います。

このバーサタイリスト系コンサルティング企業は、長年業界でキャリアを積んだ人物が新たに少人数や個人で独立して起業するケースが多いことが特徴です。戦略コンサルティング・シンクタンク系企業やＩＴコンサルティング系企業と比較すると、ブランド力には劣りますが、大手企業には難しい個々の企業に即した非常に柔軟なコンサルティングサービスを得ることができます。

サービスの品質については、その企業を率いる人物のキャリアやノウハウによるところが大きいため千差万別といえますが、自社に合った企業が見つかった場合は、予算を抑えて非常に小回りの利くサービスを得ることができるという利点があります。

第4章

施策が社員に定着してこそDXのゴール
プロジェクト実行から
ICTツール活用までのポイント

最重要項目は施策の定着

　ＤＸをはじめとする変革や改革を伴うプロジェクトにおいては、その戦略の立案と実行だけでは十分だといえません。実行したのちに取り組みが定着してこそ、真に変革や革新のきっかけが生まれるといえるのです。

　逆にいえば、定着しないプロジェクトは結果として意味がなかったのです。しかし、世の経営革新プロジェクトの大半は定着に失敗して、なし崩し的に瓦解する傾向にあります。定着の失敗には、企業やプロジェクトに紐づいたさまざまな理由がありますが、その大半はプロジェクトに関係する人々へのケアが十分でないことから発生します。

　例えば、変革や革新のプロジェクトに反対する声を力で押し切った結果、現場が反発して新しいプロセスがすぐ元のプロセスに戻ってしまうという話は多くの企業で見聞きするところです。また、プロジェクトの実施において当初は士気が高かったものの、徐々に新しい取り組みを行う手間よりも通常業務の遂行のほうが優先されるようになり、プロジェクトのスケジュールが遅延したり顧みられなくなったりするという話もよく聞きます。

これらはプロジェクトに関係する人々のモチベーションが最初から低い状態であるか、進行するうちに低くなってしまっていることに起因します。多くの人は、何かを変えようとする際に自分にメリットがなければモチベーションが湧きません。経営者はＤＸを行うことによって企業の業績を中長期的に良くしていくという大局的な観点をもっているため、自然と熱心になりやすいですが、従業員にとって企業の業績は間接的には関係があっても、直接的なメリットではありません。変革や革新を遂行するために必要な原動力となるメリットは、もっと直接的な「良いこと」でなければならないのです。

直接的な「良いこと」は、プロジェクトに関係する人によって異なります。ある人にとっては、長時間残業の要因となっていた業務プロセスを簡素化することで残業が少なくなりホワイトな環境で働けることかもしれません。しかし、同じ企業に勤める従業員であってもホワイトな環境をさほど求めておらず、出世や給与アップがなければ「良いこと」と感じられない人もいるかもしれません。このように、関係者一人ひとりの目的や立場によって「良いこと」はさまざまです。重要なことは、ＤＸの戦略立案の過程でこれらの関係者としっかりコミュニケーションを取り、それぞれの思惑を把握し、DXプロジェクトに取り組んだ結果として「良いこと」が起こるように設計することです。「良いこと」があればその後も積極的に変化するモチベーションが生まれます。そして、小さな取り組みが生まれ、それを実行し、新しい取り組みを生み出すというサイクルを何度も繰り返すことで、初めて施策は定着するのです。この話を聞くと、非常に面倒な手法だと感じる人もいるかもしれませんが、この労力をかけずに施策を定着することはほぼ無理といって良いのです。

効果は「設定」して見える化する

プロジェクトの関係者にとって「良いこと」を起こすことは重要なことですが、関係者全員にうまく「良いこと」を提供することは非常に難しいといえます。私がコンサルティングで関わるプロジェクトにおいても、素直に戦略を組んで施策を実行するだけでは関係者全員に「良いこと」をもたらすことは難しいのが実情です。取り組みに対して企業単位で見た場合でさえ、その効果を表すことが難しいことすらあります。企業は複合体であるため、特定の部署や機能についての変革の取り組みが企業の業績や効率化などに直接的に結びつかないこともあるからです。

良いことや効果が見えにくい場合には、これらを設定し演出していくことが効果的です。例えば、マーケティング施策において、とあるキャッチコピーに顧客が反応し、問い合わせ数や売上が伸びたという場合であれば、その効果は定量的に測れる非常に分かりやすいものといえます。一方で、売上や時間削減に直接的に結びつかない効果ははっきりと「良くなった」と感じにくい傾向があります。このため、できる限りストーリーをつくって効果を感じやすくするのです。

具体的には、企業のデジタル基盤を作ったとしても、基盤は消費者や顧客には関連がないため、直接的な問い合わせや売上増にはつながりません。このため、アンケートをとって店舗従業員の活動しやすさの比較を行ったり、営業担当者の作業時間の減少を定量的に示したり、営業活動の時間が増えたことを示したりすることで企業が良くなったことを表現していくのです。このように、一見定量的に見えない効果を数字や文字情報として示していくことで、企業全体が「良くなっている」という実感が得られる仕掛けをすることは、施策の推進において欠かせないポイントです。

また、企業全体の良いことに限らず、従業員個々人に積極的に良いことを与えていく手法もあります。企業に元からある制度を利用して、変革に貢献する従業員を表彰したり、人事評価に加点したりする手法です。このような大々的なものが難しければ、上長からの積極的な声掛けや、慰労会のようなソフトなアプローチでも構いません。周囲が汗をかいた関係者に感謝し、今後も期待をしていることを分かりやすく示すのです。

私が個人的に変革や革新のプロジェクトにおいてキーマンとなった人々に「良いこと」を与える効果的な制度だと考えているのは「ピアボーナス制度」です。これまで述べてきたとおり、変革や革新を支えるのは、戦略策定、実行、定着工程において泥臭いともいえる根回しと調整を繰り返し、時には助け舟を出すタイプの人物です。この人物は多方面の業務に通じたバーサタイリストといえますが、悪い言い方をすれば器用貧乏でもあるため、売上や研究成果などの定量的な成果が出しづらい人物ともいえ、評価されにくい傾向にあります。ピアボーナス制度はこうした数字的な成果は出ないものの組織に貢献している人に対し、社員同士で評価や報酬を贈り合うことができる仕組みです。周囲の社員からの評価や報酬が集まることでプロジェクトの進行やチームの関係性向上に貢献した隠れたヒーローを称えることができるのです。

こうした陰に隠れやすい苦労人タイプの社員はどの企業にも存在し、その存在が企業や部署のスムーズな運営や従業員のモチベーションを支えていたりすることが少なくありません。ＤＸをはじめとする変革や革新を伴うプロジェクトでもこの能力は欠かせないものです。調整役を引き受ける人は目立つことや主張することを好まない人が多く、本人のモチベーションを高めるためにも働きに対して適切な評価が得やすくなる制度は必要なのです。

定着までのプロセスは長く飽きがち

DXプロジェクトはさまざまありますが、基礎的なインフラであるデジタル基盤に手を加えるプロジェクトや中長期的な取り組みが必要なものは、進行中の効果が感じられにくいことがあります。こうした場合には、意図的に小さな効果を短期間で感じられるように設定し、その積み重ねを経て大きな効果を得られるようにすることが肝要です。

プロジェクト定着までのプロセスは、大型船の操縦に似ています。船を旋回させようと考えた場合にはまず舵が切られますが、方向が変わるまでには時間がかかります。これは実務として船の操縦に携わる船員にとっては一般的なことで気にしない点かもしれませんが、その船が遊覧船で景色の変化や乗り物に乗る楽しさやアドベンチャーを売り物にしている場合は大問題です。船の方向が変わるまでの退屈な時間にちょっとした余興を仕込むことなどがマーケティング上は求められます。プロジェクトの策定者と実施するプロジェクト関係者の間柄においても同様のことがいえるのです。

DXプロジェクトにおいては、定められた目標が自社の変化した姿であることが多いため、当初は経営者や関係者の反応は非常に良い傾向にあります。そのため、初期には提案に対しても反応が良く、さまざまなアイデアが出されますが、根回しや調整を繰り返して戦略策定やプロジェクトの実施を行ううちに、取り組み自体に飽きて面倒に感じるようになります。多くの場合、発案者である経営者も3カ月から半年くらい経った段階で「まだ終わらないの？」という感想を漏らします。これは人間なので仕方がないことです。

この飽きを防ぐには、期間を区切って小さな成果を見せていくことが効果的です。アプリの受託開発の現場などでよく用いられる手法として、かなり先にリリース予定のアプリについて、操作画面に採用するデザインを用いたモックアップなどを作成し未来の成果を見て試す場を設けるという工程があります。この工程と同様にプロジェクトの進捗に関しても同様に得られる成果を具体的に見せていくことが必要なのです。

アプリ開発においてモックアップが示されるのは、もちろん途中経過を見せて意見を得ることで開発の方向性を合意するという意味もありますが、大きな理由は発注者の熱意や期待を下げさせないためです。実際に発注したものが形になる場がないと、アプリの企画自体への期待やモチベーションが下がってしまい、当初決めた開発の目的がずれてしまったり、開発の続行に支障をきたしたりする場面は往々にあるのです。

しかし、この小さな成果の提示は多ければ良いというものではありません。経営者の性格や中長期経営計画の発表といった企業が成果を見せたいイベントなど、さまざまなものを考慮して設計していきます。時と場合に応じて効果的に成果を演出し、プロジェクト関係者の意思をその都度統一していくのです。

効果は小さなプロジェクトを回して出す

小さな成果は、あらかじめ詳細まで決められた壮大なプロジェクトを細かく区切って都度成果を出すのではなく、小さなプロジェクトを複数回していくことで成果を出していきます。小さなプロジェクトについても、その完成度は60％程度でよく、ある程度仮定をベースに検証しながら進めていきます。

我々が変革・革新に伴うプロジェクトを進行する際に採用しているのは、システム開発における「スパイラルモデル（図表14）」の考え方です。スパイラルモデルは、システム全体の開発工程をフェーズ（サブシステム）ごとに細かく分けて、優先度が高い重要なものから開発していく手法です。この開発手法の特徴は、フェーズごとにアイデア生成、設計、開発、テスト・検証の工程をひたすら繰り返すことで、最終的な成果物の完成度を徐々に上げることにあります。この手法は家の建築にも似ており、重要で優先度の高い家の基盤を試行錯誤しながら作り上げれば、残りの上物の制作については時間もコストもかからなくなっていきます。

スパイラルモデルにおいて手間がかかるといえる側面があるとすれば、デジタル技術を提供する外部提携企業とDXを推進する企業の密なコミュニケーションが必要である点です。細かく機能を区切って試行と改善を繰り返すため、外部提携企業とDXを推進する企業の双方に柔軟性が求められます。また、当初からゴールに向けた綿密な計画を立てないため、プロジェクトに慣れていないメンバーにとっては、全体像が見えにくいというデメリットがあります。このため、精神的な疲弊を伴いやすく、だからこそ小さ

|図表 14| スパイラルモデルの開発工程

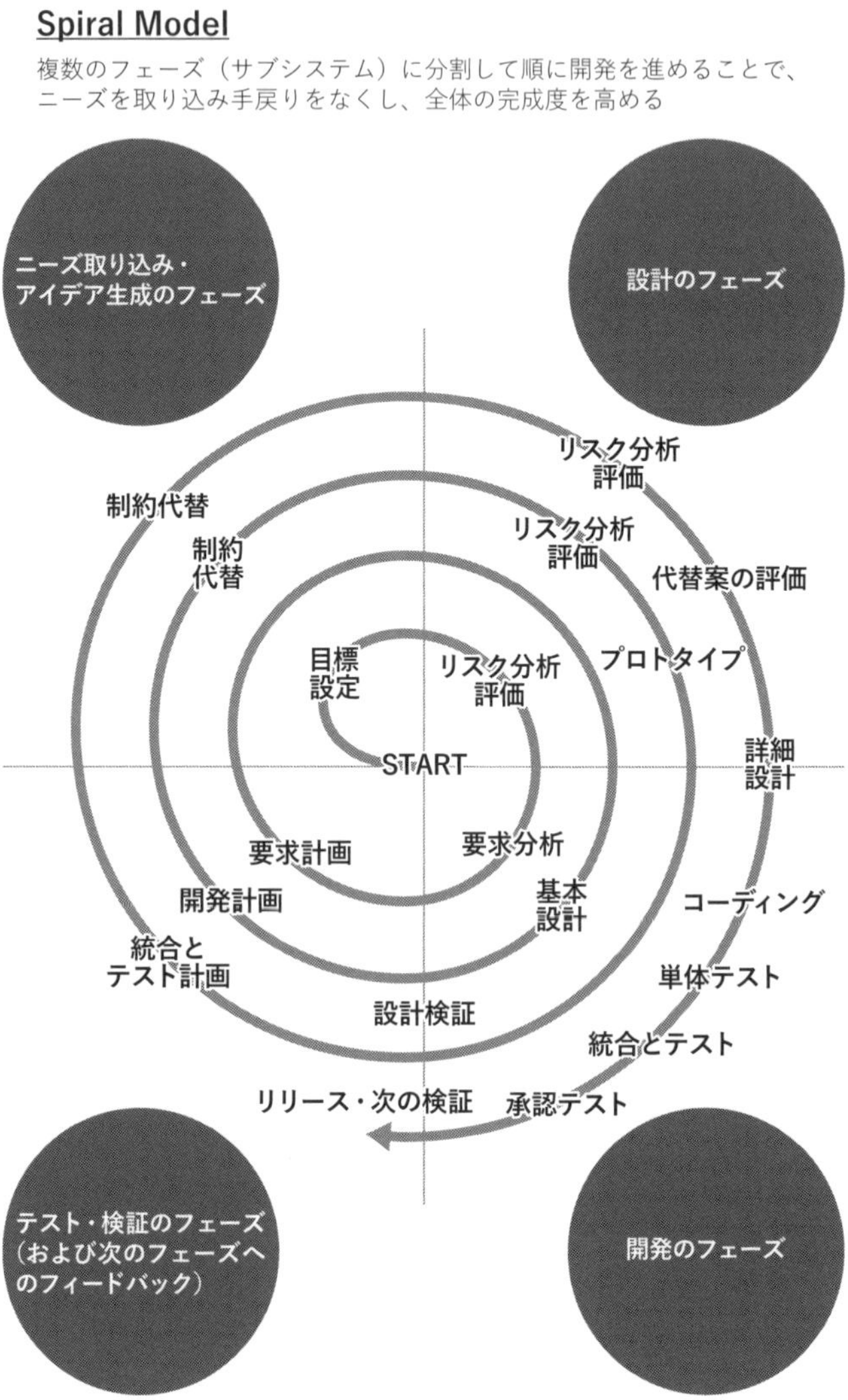

複数のフェーズ（サブシステム）に分割して順に開発を進めることで、
ニーズを取り込み手戻りをなくし、全体の完成度を高める

開発工程をフェーズ（サブシステム）ごとに分け、優先度が高いものから「ニーズ取り込みアイデア生成」→「設計」→「開発」→「テスト・検証」の工程を繰り返して完成度を高めていく。

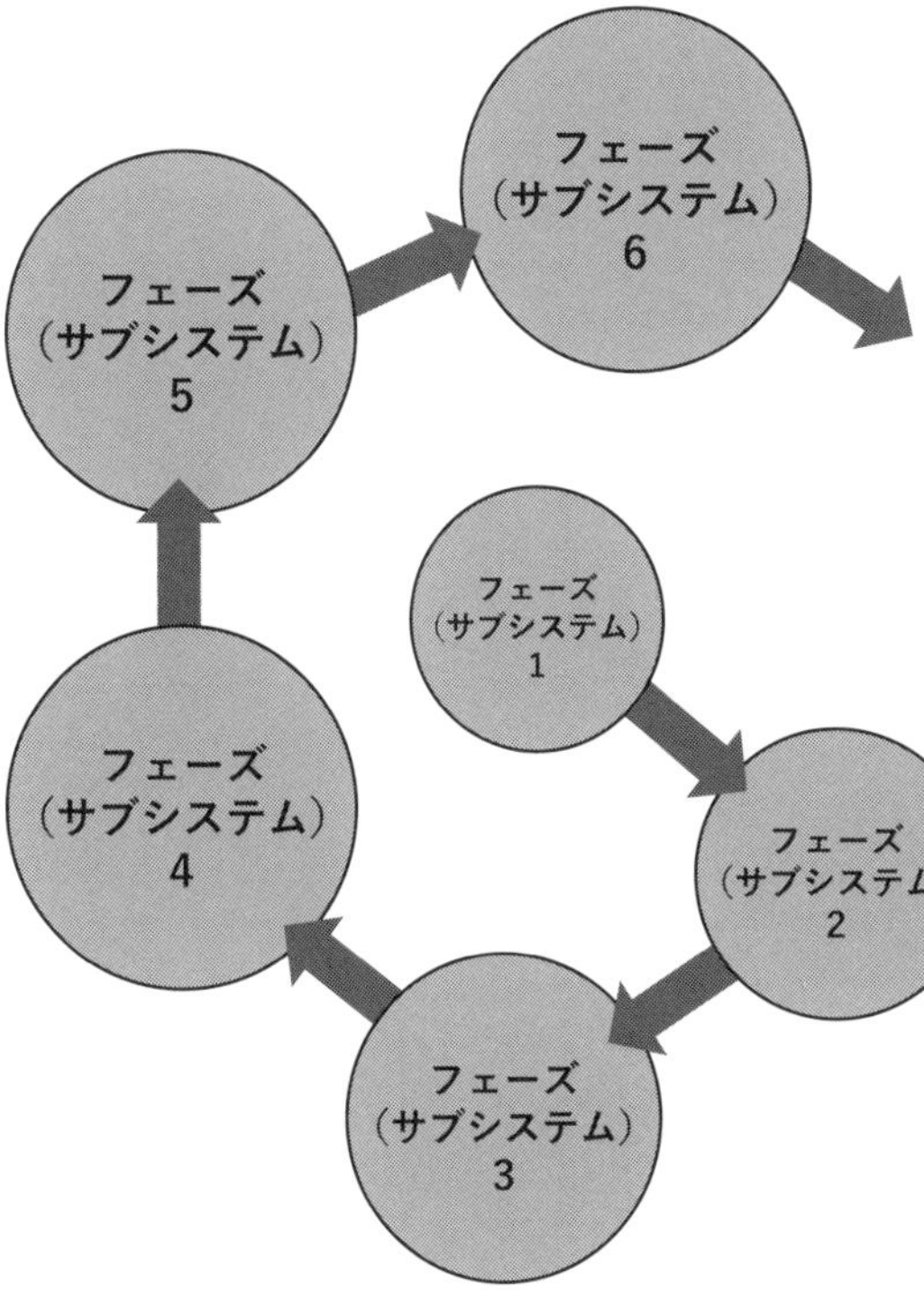

な成果やその効果を意図的に見せてモチベーションを維持する必要があるのです。

従来の手法は楽だが時代に取り残されやすい

この手間のかかる手法と比較すると、ＤＸ推進企業にとって心理的負担が軽いのは以前から盛んに用いられてきたウォーターフォール型の開発手法です。その名が示すとおり滝のようなモデルの開発手法で、システムを開発する際に「要件定義↓設計↓開発↓テストとＱＡ↓製品リリース」のように上流工程から下流へと流れる順に開発を進めます。要件定義をまとめたうえで、設計や細かい工程を生み出すため、基本的には工程をスキップしたり戻ったりすることはできません。さらに、前の工程を完全に終えて初めて次の工程に進めるという特徴もあります。

このウォーターフォール型の開発が今も多くの企業に好まれている理由は、精密な計画書と予算の策定がしやすいという側面があるからです。企業によってはデジタル技術の導入に際しては、事前に計画の詳細を明確に提示し、見積もりをとり、予算を計上して初めて技術導入が可能になるというケースが往々にしてあります。大企業になればなるほど、株主対応も含めた予算の使途はデジタル技術導入のスケジュールを明確にしなければいけないという事情があることは理解できますが、情報通信技術の進歩が急速に進む現在においては、その手法では無理が出ていることも確かです。

現代においては、デジタル技術を活用した変革・革新のプロジェクトは大掛かりなものであればあるほど、その目的やビジョンを達成するまでの期間のうちに求められるニーズが変化してしまう危険性があります。２０２３年3月4日付の週刊東洋経済の記事によれば、金融、小売、メーカー、インフラなどさまざまな業界の企業がシステム開発に関わる億単位の損失を出しています。その理由の大半は方針の変更や事業環境に伴う開発の中止および開発の遅延です。

こうした事例は大企業の大規模開発に限ったものでなく、中小企業でも発生します。月商10億、社員１００人程度のある企業では、ウォーターフォール型の開発で構築した基幹システムが、開発からたった7年でその基盤を使用する経理や営業の担当者のニーズと乖離したものになり使い物にならなくなってしまいました。仕様が固定された設計になっているため、新しく生まれたニーズに対応する機能を加えることができなかったのです。

その企業は基幹システムを開発したのちに急成長を遂げていました。成長に伴って支店を増やしたものの、基幹システムはその支店増加分を想定しておらず対応ができなかったのです。また、新しく導入したほかのシステムとの連携性も悪く、結果として人が人力で転記を行ったり、足りない箇所を補うためにさらにツールを買い足したりしてつぎはぎだらけの運用になっていました。

こうしたウォーターフォール開発のデメリットが顕在化するなかで、近年は小さな単位で計画、設計、実装、テストを繰り返して開発を進め、段階的に機能をリリースすることで仕様変更に柔軟かつスピーディーに対応できるアジャイル開発が普及しています。ただし、このアジャイル開発については比較的小規模のプロジェクト向けの開発手法であるため、いまだ大規模開発の現場ではウォーターフォール開発の手法が用いられている場面は多くあります。

プロジェクトや開発の考え方をアップデートする

こうした「しっかり定まって予定どおりに進行するもの」から「柔軟に形を変えながらゴールを目指すもの」への考え方の転換は、変革や革新を伴うプロジェクトやデジタル技術の導入に欠かせないものです。導入するデジタル技術の評価についても、新しく生まれた技術について柔軟に受け入れる姿勢が欠かせません。

クラウドコンピューティングが全盛となっている現在において、ＤＸプロジェクトに従来の「パソコンを購入し、顧客の要望に応じてプロのエンジニアがソフトを組み入れる」という感覚で臨むことがナンセンスであることは誰の目にも明らかなことかと思います。しかし、その点は理解できても、クラウドの利用についてパソコンの機能をクラウドネットワークにアップロードすることをクラウド化だと思っている人はいまだに多く存在します。

現在のクラウドコンピューティングは、ネットワークに存在するさまざまなコンピュータ資源を使いたい分だけ料金を支払って利用するというものです。自社でハードウェアやソフトウェアを用意する必要はなく、大手のＩＴ企業が開発した高度で安価なサービスを多くの企業や人が柔軟に利用できるという特徴があります。世界的なテック企業がしのぎを削って競争しているのは、この万人が安価に活用できる先進的なコンピュータ資源を開発することなのです。

このクラウドコンピューティングの活用にはさまざまなメリットがあります。クラウドを基調とした基盤を整備しておき、また社内でクラウドコンピューティングを扱う人材をそろえておくことで、自社でメンテナンスや改良がしやすくなります。ソースコードを記述することなくアプリケーションやウェブサービスの開発を行うことができるノーコード化が進む現在では、その習得はさほど難しいものではありません。

考え方としてはパソコンやスマートフォンの扱いと同様です。現在のスマートフォンは１９９５年の大型コンピュータより１００万倍安く、１０００倍強力で、10万倍小さいといわれています。しかし、それを使う私たちの多くはスマートフォンの仕組みや機能をすべて理解したうえで使っているわけではありません。にもかかわらず、アプリをダウンロードし、そのアプリを使用してさまざまな活動をすることに支障はありません。

クラウドコンピューティングの活用はこれと同様だとイメージしてください。

クラウドコンピューティングの利用は、一から開発することに比べて費用が抑えられるという利点もあります。例えば、アプリケーションを開発する場合は、クラウドコンピューティングを活用すると、アプリケーション開発の手前である基本機能とミドルウェアまでリソースを活用できるため、途中までは何もする必要がありません。また、オリジナルで開発したアプリケーションと比較してメンテナンスの手間が軽く、停止することもほぼありません。

一方で、このような便利な手段があるにもかかわらず、目に見えて安心できるものを優先する風潮もまだ根強くあります。とある企業でクラウドによるセキュリティ監視の仕組みを提案したところ、目に見えないクラウドに任せることに抵抗があるという意見が出ました。何か目に見えるボックス型の機械を設置して「安心したい」という気持ちから出た要望でした。しかし、ボックス型の機械による監視は自動的に更新されないため陳腐化しやすく、クラウド全盛期の現在においてはアプローチが異なる監視手法です。

また、BCP（Business Continuity Plan：事業継続計画）の観点からしても、災害などにより損壊する可能性がある物的なセキュリティ装置は好ましくありません。

　このように、企業の体制や経営者や担当者の感覚がどのようなものであるかには関わりなく、デジタル技術や社会の趨勢《すうせい》は移り変わっていきます。そのスピードは多くの人が想像しているよりも速く、デジタル技術活用の「当たり前」は刻々と変わっていきます。

　DXにおいては、必ずしも最新のデジタル技術を取り入れる必要はありませんが、少なくとも時代のスタンダードな手法を受け入れる必要があります。プロジェクトや開発を行うに際して、重要なことは新しい技術を勉強することではなく、今の時代の流れと進歩を素直に受け入れ、対応することなのです。

コアチームを中心に味方を増やす

　小さなプロジェクトが動き始めたら、その効果を活用して始めるべきは社内の味方づくりです。戦略や施策をまとめる段階では、一部のキーパーソンを巻き込んで小規模なメンバーを中心として進めるべきでしたが、プロジェクトとして活動が始まった段階で徐々に周囲の人を巻き込んでいく必要があります。

変革や革新の推進者は、往々にして社内では少数派であり弱い立場にあります。そうした場合に、一度に社内の大半を味方につけることは難しいですが、推進者の周りにいる信頼できると感じられる人から説得をして仲間に引き入れることはさほど難しいことではありません。そうして、徐々に味方を増やしていき、新しく味方に引き入れたメンバーがまた周囲の人に対して説得を行ってネットワーク的に広げていけば、数カ月後には味方は社内中に広がっているはずです。

このような信頼関係に基づいた賛同者の増やし方は、時にトップダウンのメッセージよりも強い効果を発揮します。プロジェクトの担当者が周囲にプロジェクトの概要を伝え、さらにその内容を把握した新しいメンバーがその内容を周囲に伝達することで、プロジェクトの理解度も非常に高いものになります。また、こうした草の根活動的な広げ方をすることで、社内の対立や軋轢を回避しながら施策を広げることができるという効果もあるのです。

私もコンサルティングの仕事をするときには、顧客の属性について「DO（好ましい）」「DON'T（好ましくない）」という要素を挙げて、「DON'T」の姿勢の顧客に対しては無理にへつらわずに対応することにしています。「DO」の姿勢がある人は、変革や革新を受け入れやすく施策がスムーズに進みやすい一方で、「DON'T」の姿勢をもつ人は「DXを推進したい」と表面上では言っていたとしても、蓋を開けてみれば好ましくないという要素があるゆえに変革や革新に否定的で、施策の導入も難しい傾向にあるからです。

DX推進における社内の味方づくりにも同じことがいえます。施策がいかに企業にとって効果的なものであっても、変革や革新を理解し受け入れやすい人もいれば、頑なに受け入れようとしない人もいます。その場合は、まずは受け入れやすいと感じる人から徐々に施策を広げていけばよいのです。頑なな否定派も、いずれ社内の環境がすっかり変わってしまえば変化を受け入れざるを得なくなるからです。

安易に外部提携者に研修やセミナーを依頼しない

変革や革新についてのプロジェクトについて賛同者を増やす段階に入ると、多くの企業はプロジェクトの概要や導入したツールの使い方を従業員に示すために研修やセミナーを依頼しようとします。しかし、10人程度のセミナーならともかく、数十人、数百人規模のセミナーを行うことはあまり意味がありません。

研修やセミナーを行う場合は、チームの代表者を一人選んで徹底的にトレーニングを行い、その代表者からチームメンバーに再度説明やトレーニングを行うべきです。一般的に、人は生半可な知識では他の人に対し教えることはできません。そのため、他人に教える前提のもとトレーニングに呼べば、必死に新しい知見を吸収するようになります。これが何十人も受講しているセミナーで、かつ内容について自分が習得すればよいだけのものであれば参加者の大半は真面目に聞かず、のちに問い合わせ窓口に「内容を忘れてしまった」「使い方が分からない」という連絡が殺到するはずです。

DXプロジェクトを外部提携者とともに実施するに当たって、欠かせないことは自走をする準備をすることです。戦略が立ち、施策が決まり、その下部のプロジェクトが実行され始めれば、その推進はDXプロジェクトを行う企業が主体的に行わなければなりません。そのための第一歩として基礎的な知識をしっかりと身につけるためにも、まずは少人数でもしっかりと学び、知見を身につけた人物の育成を行う必要があるのです。

プロジェクトを何度も回しながら変化を推進する

プロジェクトを実施するに当たって、「プロジェクトを何個やれば終わり」という区切りはありません。何かしらのプロジェクトを立ち上げて、小さな成果を見せながら推進し、その結果についてフィードバックを行ったら、フィードバックを取り入れた次の取り組みをまた始めなければならないからです。

施策を実施する場合は何らかの区切りを設けてその評価を行いたいという意見も多く聞きます。しかし、戦略や施策を決定した際の時代の前提は、プロジェクトを実施したあとの時代の前提とは異なっているはずです。できたこと、できなかったことを振り返ることは必要ですが、その成果に関しては常に「今の時代に合わせた成果とは何か」と問いかけ続け、更新し、プロジェクトに反映していくことが必要なのです。

もちろん、中長期計画や年度末など社内・社外に向けたとりまとめのためにプロジェクトを振り返ることは必要です。しかし、あくまでそれは指標や結果についての「報告」であり、その内容によってプロジェクトを止めることがないようにすることが必要です。

ＤＸにおける組織の変革や革新は非常に評価が難しい事柄です。その評価について議論するくらいであれば、ひたすら泥臭く取り組みを続けるべきです。達成度を測る指標を作り、チェック形式で点数を出すことは簡単ですが、往々にしてその手法は本質的な達成を確認できるものではありません。むしろ、基準を設定するとその指標に合わせてしか取り組みができなくなり、変革や革新が形骸化するおそれもあります。

プロジェクトの終わりを区切り、変化の達成度を何らかの数値や基準で示すことは非常に分かりやすく説明しやすいため好まれる傾向にありますが、本当に組織を変革したいのであれば、認識を変える必要があります。むしろ、それが変革や革新を生む第一歩であるといってよいのです。

定性的な事項を判断する人を見定める

プロジェクトを止めることなく幾度も回すなかでは、その都度プロコン（Pros/Cons）分析を行って次回のための整理をします。プロコン分析とは、物事の良い（好ましい）点、悪い（好ましくない）点を比較し整理することで、より良い意思決定につなげることを指します。

ただ、この好ましい点、好ましくない点の判断の際に難しいポイントは、定性的な物事への判断です。例えば、3回ボタンを押す必要がある作業が1回で済むようになったという定量的な成果

プロコン分析（Pros/Cons）の例

Pros:
・最終要件が明確でなくともスタートできる
・手戻りの発生が少ない（しっかりニーズが反映できる）
・Sub から次の Sub へのフィードバックで一貫性が保てる
・スピード感ある開発がかけられる

Cons:
・ニーズやシステム規模など、一定のコントロールができないと成果物、コストが増大する
・vs ウォーターフォール型（明確に見えない不安）

については「好ましい」と判断しやすいですが、操作性が良くなったか否かなどの主観的な話になると判断が難しくなります。可能であればすべての指標を定量化できればよいのですが、実際にプロジェクトを行うに当たって大半の場合は定量化が難しいのです。

以前、スマートフォンのゲームアプリケーション開発の現場の支援をしていた際に、我々はiPhone、アンドロイドおよびどのバージョンでも対応可能なクロスプラットフォームでのアプリケーション開発を提案しました。しかし、その当時はスマートフォンゲームのアプリケーションを開発する際には、端末の種類やバージョンそれぞれの技術特性に合わせたアプリケーションをつくるネイティブ開発が主流であったため現場からは非常に激しい反対意見が出たのです。その理由は、その端末とバージョン専用につくったものに比べて操作性が落ちてユーザーエクスペリエンスが下がってしまうというものでした。

この「操作性の良さ」は非常に定性的な指標で、その感じ方は人によって異なります。これが「１度スクロールをしたら次のコンテンツまで○秒で到達できること」と数値的に評価できれば話は早いのですが、往々にして議論になるポイントは数値化できない部分に集中します。

　このアプリケーション開発の事例の場合、クロスプラットフォームでの開発はコストダウンと、開発における労力と期間の短縮というメリットがあったため、そのメリットを重視する経営陣と操作性の悪化を懸念する反対派が衝突する結果になりました。しかし、いくら議論をしたところで、論点が定性的な箇所である以上は水掛け論になり結論は得られません。

　結局、この案件は誰が決断をするかを決めなければ結論は得られなかったのです。この議論の結果をアプリケーション開発の責任者に報告し、その判断を仰いだ結果としてクロスプラットフォームでの開発が採用されました。

　この場合は、どちらが優れているという話ではなく、どちらの手法がその企業にとってよりメリットをもたらすかという視点で判断されました。同様に、DXプロジェクトの推進においても良し悪しの判断を下しづらい定性的なポイントについては、いたずらに議論を過熱させるのではなく、企業にとっての良し悪しを判断できる人を決めていくことが必要なのです。

もちろん、責任者である人がその良し悪しの判断について決められないという場合もあります。その場合は、周囲が判断材料をそろえて判断を助けることも必要です。この場合は、時代の変化、社内の環境、デジタル技術の動向などこれまでにまとめてきた戦略や施策が役立ちます。そうした経緯を踏まえたうえで、責任者は定性的な事項について企業により利益をもたらす判断をしなければならないのです。

ツール導入は課題に直接的に効く仕掛けを

プロジェクトの推進にツールの導入が必要な場合は、収集した課題に直接的に働きかけ、かつシンプルで使いやすい仕様にすることが必要です。このためには、事前の課題の整理をしっかりとしておく必要があります。その課題は何が原因で発生し、現在どのようなニーズがあるのかを明確にしておけば、その内容に沿ってツールを導入するアイデアが出やすくなります。外部提携者に開発やツール選定を任せる場合にも依頼をスムーズに行うことができます。

例えば、現場の従業員の業務貢献度について経営者が把握したいというニーズがはっきりとある場合は、社内SNSに賞賛ボタンを搭載します。こうした賞賛機能は今時のSNSツールの多くに付属しているものですが、この機能を拡張して、賞賛ボタンが押されると経営者のSNSの特定のチャネルのタイムラインにその内容が自動的につぶやかれるように設定するのです。そうすれば、社長は時間のあるときにSNSを眺めることで社員同士の評価をリアルタイムでつかむことができます。

このように、自社のDXプロジェクトにおける目的や問題点、ニーズをしっかりと把握しておけば、現状の課題を解決できるほか、次の成長に向けてどのタイミングで何を投資すればよいかも自然に分かるようになります。これは、例えば「カメラが欲しい」と感じて家電量販店に行った際に、どんな商品を選ぶかに似ています。カメラが欲しい理由を適切に振り返り、撮影する目的や対象物、撮影するシーン、今後の自身の撮影活動におけるビジョンなどがしっかり検証できていれば、ぴったりのカメラを選ぶことができますが、何も考えず店舗に向かうと、店員もカメラ購入の背景が分からないためすべての機能が高性能である高価なカメラを勧めてしまいます。ひどい場合には本来カメラが必要であるのにスマートフォンを買ってしまうような過ちを犯しかねません。

また、ツール導入の設計を行う際には、外部提携者が特定のツールに偏った選定をしないように企業の側からコントロールすることも必要です。選択肢が少数しかない状態では、特定のツールの機能で何とか現状を打開するというアプローチになりがちです。しかし、こうした手法ではツールやポイントが無駄に増えて使い勝手が煩雑になる傾向にあります。

ツール導入で重要なことは、課題を直接解決するアプローチを行ったうえで、自動化などの設定を使い、できる限り簡単に扱える仕様にすることです。企業自身がツールを選定しない場合は、基本的には外部提携者が行うべき事項ですが、外注する際にもこの視点が設計に反映されているかをしっかりと確認すべきです。

定着プロセス事例

飲食サービス業を展開するE社は意見がまとまらない典型的な企業でした。戦略の策定の段階から意見が錯綜していたため、私たちがヒアリングや意見の集約を主体的に行い、ある程度分析を行ったうえで仮説を繰り返し出して意見をまとめていったという経緯があります。

E社の課題の一つは、現状の業務プロセスがあまりに多くのツールに依拠していて、その構造が非常に複雑化していることでした。このため、複雑なプロセスを伴う一つひとつの業務のノウハウが非常に難解になり、業務の習得を妨げているほか、ひどい場合には属人化してしまっていたのです。

E社においては、この業務プロセスをシンプルにすることがプロジェクトの一つでした。そのために、まずはある業務の4ステップについてツールを置き換えて自動化し、2ステップにする提案をしました。最終的に2ステップになる状態を示し、そのための工程について説明したところ、DX担当者と担当部門の数人の代表者は納得し、実装することになりました。

しかし、導入に当たり思わぬところから横槍が入りました。経理部門の統括担当者から現在導入しているツールの一部は減価償却に使えるため、撤廃できないという意見が出たのです。この意見については、現状の業務プロセスが煩雑で、減価償却以上に労務コストが高いことが自明であったため、経営者の協力も得て既存ツールの撤廃ができましたが、その後もE社ではDXプロジェクトに巻き込んでいく人が増えていくにつれて、異なる意見だけでなく異なる論点や関係のない話題が入って紛糾し、そのたびに説明や調整が必要となりました。

E社のツールのシンプル化プロジェクトで紛糾しやすいポイントとなったのは、非常に定性的な使い勝手の論点です。複雑なツールの組み合わせに慣れている人は、ステップをシンプル化することに抵抗を示しました。自動化することで、人の目のチェックが入る工程が減り、抜け漏れが発生することへの懸念や、従業員の業務理解の低下の懸念などがその主張の大半です。自動化することで、エラーが出た際にどこが誤りなのかが検証できなくなるという意見もありました。これらの懸念については、全体から見ると些細なリスクに注目したものですが、そのわずかなリスクの評価について焦点を絞って議論をしても水掛け論になるだけです。このため、プロジェクトの進行には強い決裁権をもつ取締役を決裁者として巻き込み、議論が紛糾するごとに定性的な面での判断をしてもらうことにしました。この結果、E社のプロジェクトは前進するようになったのです。

E社は決裁者が決まり、ある程度プロセスが決まれば運用自体はうまくできる会社でした。複雑な構成のツールを組み合わせて使っていただけに、業務遂行能力は高く、従業員同士の連携も非常に密だったからです。このため、DXについての理解が広まれば、私たちの調整の役割は必要なくなり、ITサポートのみで自走できるようになりました。

E社は特定業務のツールのシンプル化という小さな単位のプロジェクトで一度は非常に揉めましたが、そこで意思決定のプロセスを整理して関係者が納得したために、シンプル化した業務についても肯定的な評価が得られました。その結果、その他のプロジェクトについても協力者が増え、プロジェクトの実施と定着のサイクルがうまく回っています。

この事例のように、プロジェクトを行ううえでは、その実行と定着のプロセスで揉めることが少なくありません。その内容は大半が社内事情や心理的な要因によるものです。この場合、人を動かすのは最先端のデジタル技術のすばらしさではなく、目先の分かりやすい効果や成果、効果や成果への納得感、判断が分かれる点についての明確な指標です。

これらの調整は非常にデリケートですが、心掛けて取り組むことで、人を動かし変える力をもっている要素です。ＤＸプロジェクト定着に欠かせない要素は、導入する技術の内容ではなくその技術を受け入れる側のモチベーションの維持と意識変革です。この点に気づくことがプロジェクトを実行し繰り返していくための第一歩となるのです。

第5章

検証、評価、改善を繰り返し、効果を最大化させる――DXにおけるPDCAサイクルの回し方

「変化」を評価する指標は何か

ＤＸをはじめとする改革や革新を伴うプロジェクトについて、よく質問される事柄が「社内の変化をどう評価するべきか」という点です。旧来のデジタル技術導入の目的として多かった効率化の視点では、その効果を測ることは容易です。従業員の労働時間の減少や、作業工程の減少など、それらが数値として表れるからです。しかし、改革や革新という場面ではその効果や成果は必ずしも数値となって表れるわけではありません。それは従業員の意識や行動の変化など、コスト削減や売上などに直接結びつくものではないからです。

このような効果や成果については、プロジェクトを実施する段階で目指す未来を可能な限り言語化しておき、その内容に沿って検証することが必要です。初期段階で策定した目標やビジョンに基づいた課題に対応する目的を整理し、それぞれに必要な労力や重要度に基づいた優先順位を示すマップを作っておきます。その結果を整理した内容を基に、プロジェクトにおけるインパクトを数段階に分けて設定しておき、その一つひとつの結果が出れば次のゴールに向かうという手法を実施します。何か完了したことに対して評価をするのではなく、効果や成果が出たか、達成したかを指標として次のプロジェクトへ移行する目安とするというアプローチが適切なのです。

このマップを作製するには、社内の合意が欠かせません。目標・ビジョンの策定や課題抽出の段階でも合意の重要さは強調しましたが、プロジェクトの効果や成果を評価する段階においても、事前の合意が適切に行われていなければ、その指標を決めることが難しいのです。

成果を見る指標をあいまいにしない

成果の指標については、検証内容をあいまいにしないことが重要です。また、その指標の内容については、外部で「ここまで実施すべき」と定められた指標ではなく、自社の状況や環境に基づいた指標であることが必要です。

成果の設定の際には、政府機関やメディアにより公表されている数値目標を活用したくなりますが、これは避けるべきです。これらの数値は、大企業から中小企業までを十把一絡げにして算出したものが多く、往々にしてミスリードが起こりやすいからです。

例えば、「テレワークの施策について日本企業の20％が導入している」という政府発表の数値があるとします。これに基づいて「20％も普及しているのだからうちの会社でも実施しよう」「20％しか普及していないのだからうちの会社には必要ない」と判断することは不適切なのです。

この数値の内訳を政府の統計資料の算出内容から分析すれば、大企業の70％以上にはすでにテレワークが普及していて、中小企業における普及割合は10％以下という詳細が判明する場合もあります。この内訳を見れば、大企業・中小企業の経営者それぞれが単なる20％という数値を基に判断すれば、その対応に誤りが生じやすいことが分かります。大企業の場合、20％の導入率が低いと判断してテレワークを否定することは大きな誤りですし、中小企業の場合は20％の企業が導入できていると考えるのではなく、10％以下の企業しか導入していない、もしくはできていない現実を冷静に見定める必要がありま

図表15　チェックリスト形式の評価

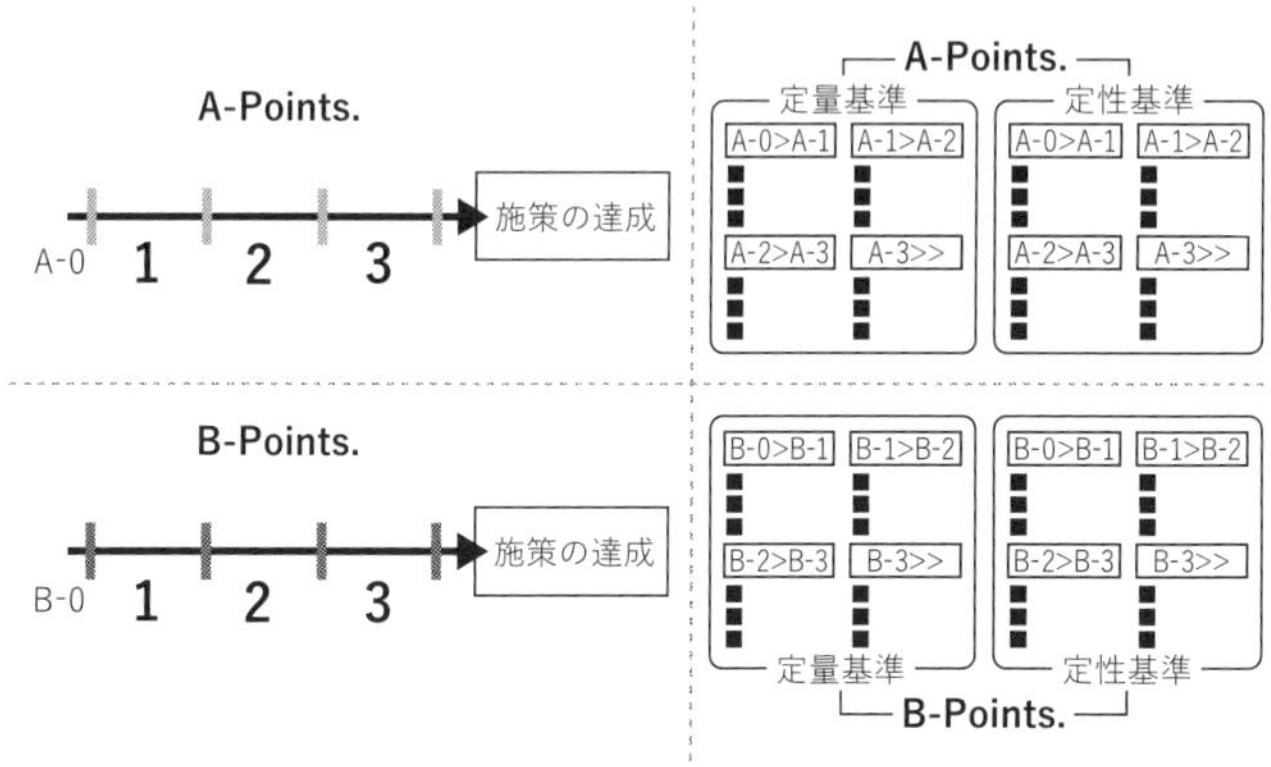

す。指標はあくまで自らの企業に即した数値に基づいて、適切に分析し、自ら設定するべきなのです。

形式についてはそれぞれの企業の経営者や担当者が納得できるものを選択して構いません。チェックリスト形式での評価を好む場合は、達成段階を細かく区切り、チェックリスト化することも一つの手です。あるいは、自社の活用指標を決めたうえで、それぞれ変化のポイントを複数段階定めておき、それぞれの段階に進むために必要な施策を具体的に挙げるなどすれば、その施策は実施できたか、ポイントとなる段階は実現できたかが検証しやすくなります（図表15）。もっと単純な方

｜図表16｜　ツール活用による評価

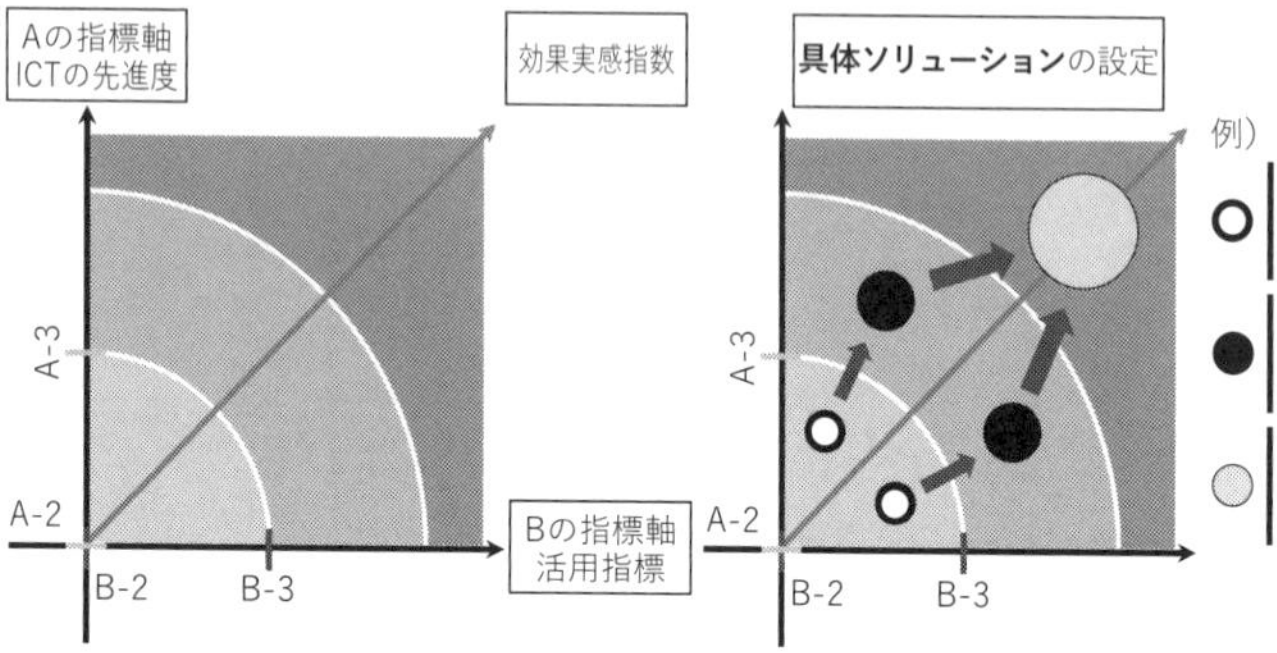

法を用いるのであれば、導入したツールの機能のうちいくつ利用しているかを判断の指標にしても構いません。例えば、10個のうち4個を活用している段階であれば、次の施策の段階に移行してもよいという手法（図表16）です。この指標は目標やビジョンの策定段階や課題の整理の段階で細かく定義しておきます。

指標の設定については、できる限り定量的な基準を設ける必要がありますが、指標が定性的な基準となることもあります。デジタル技術の導入・活用の側面が強くなればなるほど、定量での指標を設けることは容易になりますが、社風や従業員の行動など定性的な変化を定量的な指標に落とし込んでいくことは難しい作業となります。可能であれば、すべての評価基準について誰もが納得しやすい定量的な指標にしたいところですが、実際に実行することは難しいのが現実です。そのため、定量的な指標と明文化した内容で達成度合いを測ったり、組織のなかで決定権をもつ誰かに変化の判断を委ねたりすることも、一つの方策ではあります。

重要なことは、できる限りあいまいさを排除した指標と自ら設けた基準に基づき成果を判断し、組織全体の納得感を得て次の段階に進むことです。納得したうえで一つひとつの段階を進むことで、組織全体の最終目標やビジョンに向けて着実な変化を得ることができるからです。

小さなプロジェクトを繰り返す際のブレを防ぐ

ＤＸをはじめとする改革や革新を伴うプロジェクトの基本は、小さなプロジェクトを繰り返しながら、最終的な目標やビジョンに近づいていくことです。しかし、この工程において、成果を判断する指標があいまいになっている場合は、当初決めたはずの目標やビジョンがずれてしまうことが往々にしてあります。そのため、小さなプロジェクトとその達成であるゴールを設定する場合には、その評価ポイントを分かりやすい形で決めておく必要があります。

この評価ポイントの設定法の一つが、タスクカードです。課題に対する施策を一つひとつカードにし、その優先度とかかる労力で評価し、順番を決めて実施していくというものです。この内容を関係者の間で事前に合意し納得感を得られていれば、小さなプロジェクト実施における評価のブレや、全体として目指す方向性がずれていくことを防ぐことができます。

こうした手法はアナログな手続きで「根回し」「握り」とも呼べるものです。DXのようなデジタル技術の活用が前面に出たプロジェクトにおいても、根回しや握りは非常に重要です。

例えば、デジタル上にクラウドの基盤をつくってアプリを搭載するというような、非常にデジタル技術の活用の色が濃いプロジェクトにおいても、この根回しと握りは欠かせません。将来的に何を実現し発展させるか、消費者がどのように使うかというイメージをプロジェクトの全員が理解し納得していなければ、途中で必ず工程の必要性について社内で疑問や議論が生じ、その結果当初想定していなかった機能が搭載されるなどし、まったく異なるものができてしまうという事態に陥りやすいからです。

もちろん、小さなプロジェクトを実施するうえで発生した問題や改善点を次のプロジェクトに活かすことは行うべきです。重要なのは、当初設定した大きな目標やビジョンから一つひとつのステップがずれてしまわないことと、小さなプロジェクト自体の評価基準がブレてしまわないことです。

当初想定しなかったニーズに対応する準備を

小さなプロジェクトの実施を繰り返していると、当初は想定しなかったニーズが発生することは当たり前のようにあります。これについては、プロジェクトの細かい変更が起きることを前提として進めていくことが大切になってきます。プロジェクトの担当者はこうした細かい変更があることを踏まえて、プロジェクトが破綻することを防がなければなりません。この破綻を防ぐために、事前に目標やビジョン、企業が抱える課題について徹底的に社内の合意を得ておくことが有効なのです。

プロジェクトを動かす担当者に求められるのは、この変化に備えて社内の意向や状況についてできる限り情報収集し、将来の変更に対応できる体制を整えることです。関係者が会議等で発言した内容のみをまとめていくことは楽な作業ですが、プロジェクトに対する社内の思惑は会議等の正式な場のみで発言される内容には収まりません。担当者はできる限り経営者をはじめとする関係者と対話を行い、現場へのヒアリングを行うことを通じて、社内の関係者の利害や、要望が出やすいポイントなどを把握する必要があります。経営者が直接プロジェクトの指揮を執る場合も同様で、現場から情報や意見を吸い上げ、将来の変化に対応せねばなりません。

細かいプロジェクトの変更は、社内の制度設計やデジタル技術の開発においてもよくあることです。特に流行している制度やシステムは廃れることも多く、変更を余儀なくされることも少なくありません。会議等で発言された内容が、その後どういった経過をたどるかを予測し、柔軟に変更可能な状態にしておくことが必要なのです。

私が経験したあるプロジェクトでは、紙の回数券を用いて行われていたビジネスをデジタル化し、クラウドで管理するという要望が顧客から寄せられました。回数券制のサービスは、デジタル技術を活用することでさまざまな発展性が考えられますが、顧客はあくまでも消費者にとって分かりやすい「回数券」という制度をそのままデジタルのプラットフォームに移すことを希望しました。そのビジネスの消費者には高齢者もいるため、使う分だけ手元の紙が減っていく回数券の方式をそのままデジタル化することが、顧客にとって分かりやすく移行しやすいと考えられたのです。

この要望をそのまま実現することはもちろん可能ですが、私はおそらくこの想定は導入からしばらくすると変更されるだろうと予測しました。そこで、開発内容はデータ基盤をつくったうえで、あとからの変更ができるように設計を行ったのです。顧客から要望を受けた回数券をそのままデジタル移行したシステムは、制度が明快で分かりやすいものの時代の流れ全体のなかで位置づけるとデジタル技術を活用した利点を活かせる点が少なく発展性が乏しいため、用いられなくなりつつある手法だったからです。

案の定、その企業では開発の途中で回数券制の開発の継続ではなく、ポイントを購入したうえで商品とポイントを引き換えるポイント制のシステムに変更してほしいという要望が出ました。経営者がとあるセミナーでデジタル技術を介した顧客との関係性創出について知り、回数券制の発展性のなさについて認識したのです。

この案件は、通常であれば一からつくり直す事態になるところを、事前に準備をしておいたことで部分的な修正で済みました。部分的な修正程度で済んだのは、プロジェクトの目標やビジョンの策定の段階で、その内容が顧客との関係性向上やデータの蓄積であると合意したうえでデータ基盤を活用したシステムの開発を行い、社内の意思決定のプロセスについて、経営者の一存で大きな変更があるという情報をつかんでいたからです。

DXのような改革や革新を伴うプロジェクトは長期間にわたって取り組む必要があります。社会のニーズが変化することや、取り組む関係者の意識が変化することが往々にしてあるからです。そのなかで必要なことは、生じた変化を受け入れ柔軟にプロジェクトに取り入れていく下準備です。当初定めた目標やビジョンを関係者がしっかり認識し合意していれば、多少の変更があったとしてもプロジェクト自体の根本が崩れて雲散霧消することはありません。当初の目標に向かって、その道筋についてはさまざまな方策をとれるように複数の選択肢をもっておくことが肝要です。

身の丈に合った成果を大事に

ＤＸをはじめとする改革や革新を伴うプロジェクト全体、およびその細部を構成する小さなプロジェクトの実施においては、その企業に合った手法とレベルで行うことが肝要です。「ＤＸ」と名が付くプロジェクトを行うに当たっては、最新で性能が高いデジタル技術を導入しなければならないと思われがちですが、企業それぞれの目標やビジョンを実現でき、それに到達するための課題を解決できるものであればデジタル技術は必ずしも高度なものは必要ありません。

必要なことは、ＤＸや改革、革新についての期待値を社内で共有し統一することです。

企業に変革をもたらすようなプロジェクトにおいては、経営者と担当者、現場それぞれで視点や感覚、期待値が異なります。なかには、デジタル技術を活用すれば非常に大きな効果が得られると漠然と考えている人もいます。このため、AIなど先端のデジタル技術を用いることだけがDXではないこと、DXとは企業の競争力を上げることこそが目的であることについて、しっかり理解を求めることが必要です。

こうした意識の統一は非常に難しいことですが、経営者のメッセージやトップダウンの指示等を用いて、しっかりと浸透させることが重要です。メッセージやトップダウンの指示を用いる際には、現場からヒアリングを行い、その不満をできる限り小さくしたうえで行うことが肝要です。一方で、経営者や担当者が現場の意見を聞き過ぎてしまうようでもいけません。経営者や担当者が現場の意見を汲み過ぎるとプロジェクトが止まってしまうことがあるからです。

経営者や担当者が現場に丁寧に説明し、合意を得ようとし過ぎると、全員の言い分を聞いて、プロジェクトに無駄であったり余計であったりする事柄が増える傾向にあります。現場に行うべきはヒアリングであって、合意ではありません。プロジェクト全体の方向性を決める合意は、経営者をはじめとするプロジェクトの関係者のみで行うべきであって、決して社員全員で行うべきものではないのです。経営者から現場に働きかけるのは合意された内容に納得してもらうことであって、現場との合意ではありません。

ここから考えれば、成果を測る際にも必ずしも社員全員の満足度の聞き取り、またその満足度を上げるために努力する必要はありません。企業の目標やビジョンと照らし合わせてどの程度の成果が得られたかを、経営者や担当者が納得できる形で評価すればよいのです。自社の身の丈に合った成果とは何かを経営者や担当者がしっかりと理解し、その評価の軸が揺れ動かないようにすることが肝要です。

成果を今後へ活かしていくために

改革や革新を生むためのプロジェクトは、基本的には終わりがありません。企業は打ち立てた目標やビジョンに向け、これまで実行したプロジェクトの評価を踏まえて、断続的に新しい試みを生み出し、実行していかねばなりません。

当初打ち立てた計画については、デジタル技術を導入したうえで現場とのフィット・ギャップを振り返り、その後の調整や発展について議論していくことが必要です。さらには、次に行うべき施策を検討し、時代のニーズを取り込みつつ絶えず組織を変革していくプロジェクトを打ち立てる必要があるのです。

外部協力者と共同でＤＸのプロジェクトを実施している場合は、中長期的な施策として計画するべきです。当初から大規模な変革を求めて大きな予算をつけ、巨額のデジタル技術の投資をするよりは、自社に必要なステップを見極め、一つずつ社内への融合を図りながら順次変革のためのプロジェクトとデジタル技術に投資をしていくのです。こうすることで、ＤＸは社外の外部協力者に任せきりなものではなく、徐々に知見を得た社内の自律的な施策に変化していきます。最終的には、外部協力者は少額のコンサルティング契約にとどめ、必要な場合に適宜相談をできる状況を維持しながら、デジタル技術の開発を必要に応じて依頼するという関係性にすることが理想です。

このようにＤＸを外部協力者に頼ったものから自律的な施策にするためには、何より自社の変革や改革について自ら考え、目標やビジョンを関係者が納得したうえで定めることが欠かせません。さらには、プロジェクトの初期段階でＤＸにより何かしらの成果を少しでも得て、プロジェクトチームの関係者が効果を実感することも肝要です。「自ら定めた目標やビジョンに向けて前進している」という効果が感じられれば、その施策を続けようというモチベーションが生まれます。このモチベーションこそが、組織を絶えず見直し、時代との適合性を議論し、新しい試みを始めるきっかけとなります。

このように、「ＤＸ」は壮大な計画でも、一定期間のみ取り組んでその結果として何かを達成するものでもありません。企業が常に競争力を得てこれからの時代を生き抜くために継続的に行っていくべきものなのです。企業がＤＸを経て最も大きく変わるものがあるとすれば、それはＤＸに携わった人々の組織やビジネス、テクノロジーに対する意識といっても過言ではありません。これらについて時代とともに変革を絶えず行おうという意識をもつ人材がいる企業は、これからの社会やテクノロジーがどんなに進歩したとしても、自然と組織やビジネス、保有するデジタル技術を時代に合わせて再構築し、自社のもつ強みを活かして生き残り続けることができるのです。

おわりに

本書では私が常日頃考えているＤＸプロジェクトの本質とそのプロセスについて説明してきましたが、実は私は「ＤＸ」と銘打ったデジタル技術の導入は企業にとって必須ではないと考えています。もちろん、本文でも述べたとおり、時代に合わせて企業の業務やそのサービスの提供には一般的に活用されているデジタル技術を取り入れることは必要です。しかし、改革や革新の名のもとに特別にデジタル技術を導入する必要はないと考えているからです。

それでも、私が経営する企業に「ＤＸプロジェクトの推進を依頼したい」「うまくいかなかったＤＸプロジェクトを検証してほしい」「ＤＸに再度チャレンジしたい」という依頼は絶えません。これは、ＤＸについての認識がそもそも過剰であったり、その計画や推進に際して自社の状況を振り返り分析するという視点が欠けていたりすることが大半の原因です。また、デジタル技術を導入するだけでDXによる革新が得られるという勘違いもDXプロジェクトが行き詰まる原因といえます。

DXの本質として重要なことは、企業が時代に合った形に生まれ変わり、競争力を確保していくことです。その本質は決してデジタル技術ではなく企業が自社の競争力の本質を分析し、適切に生まれ変わる道筋を見いだすことにあります。このため、極端なことをいってしまうと、DXが必要ではない企業もあり、販売促進やマーケティング支援、働き方の改革支援などで十分な場合もあるのです。デジタル技術は、時としてそれらの手段を手助けする存在に過ぎません。

これらの背景から、私たちは「DX支援の会社」と銘打って自身を表現することはしていません。ホームページの会社概要に記載している業務内容も「①ビジネス開発・マーケティング支援・各種コンサルティング　②社内プロジェクト運営支援　③その他構造化、説明支援」とデジタル技術に関連する言葉は入れていないのです。もちろん、今の時代において適切なビジネス支援やマーケティング、社内プロジェクトなどを実行しようとすると、どうしてもデジタル技術の活用は欠かせません。そのため、社内には情報セキュリティや情報システムに明るく、システムやアプリの開発に長けた専門人材が所属しています。しかし、これらの専門性はあくまで顧客の目標やビジョンを達成するために必要なスキルであって、私たちの強みのごくごく一部なのです。

DXをはじめとする改革・革新を伴うプロジェクトを実現する鍵を握るのは、関係者の意見を集約し、分析し、まとめ上げ、その内容を社内に周知しつつ説得しプロジェクトを推進する力です。デジタル技術の利用が当たり前のように普及し、人対人のコミュニケーションのあり方が変わりつつある現在においても、大きな変革を成し遂げるために必要なことは、人の懐に飛び込み、本音を聞き出し、相手の状況も汲み取り説得するという非常にアナログで泥臭い工程なのです。

テクノロジー全盛の時代において、技術をもつエンジニアなど専門家の役割は非常に大きいといえますが、企業活動においては必ずしもそうではありません。その企業の将来の命運を握るのは、企業のビジネスそのものや強みをよく理解し、次の一手を考えることができる経営者や従業員なのです。彼らが「DX」という言葉に踊らされず、真摯に企業の行く末を考え、将来の競争力を生み出すために必要なことを考え始めるところからトランスフォーメーションは始まります。

本書の読者が自社のＤＸを行いたいと考えているのであれば、まずは自社の今後に必要なことをデジタル技術とは関係なくフラットに考えることから始めてください。そしてその考えを深め、分析し、まとめ上げ、周りを巻き込む力をもつ仲間を大事にしてください。自分たちで難しそうなことがあれば、必要なリソースを周囲から集めて味方にし、その推進力を増してください。ＤＸは決して難しいことではなく、このシンプルな営みにより生まれるのです。

ＤＸという言葉には、難しそうで高度なイメージがつきまといますが、その実は決して難しいものでも高度な知見が必要なものでもありません。誰でも自主性を発揮して考え、汗をかけば成し遂げ得るものです。このメッセージが本書の読者の心に響き、自身の企業を変革する一歩を踏み出すきっかけになることを、そして一社でも多くの企業が自ら望む変革を成し遂げるきっかけとなることを心から祈っています。

【著者プロフィール】

小国幸司（おくに・こうじ）

1972年７月８日秋田県生まれ。ネクストリード株式会社代表取締役。1990年代前半に基幹系開発エンジニアとしてキャリアをスタートし、外資スタートアップの日本法人立ち上げ・ビジネス開発支援などを行う。2001年に日本マイクロソフト入社。Office関連製品マネージャーなどを務める。2016年にネクストリード株式会社を設立。各企業の特性に合わせたICTの活用と企業の変革を提案・施策の実行支援を行う。日本テレワーク協会「中小企業市場テレワーク部会」部会長（2018～2019年度)、厚生労働省事業「テレワークに関する体験型シンポジウム」講師（2016～2019年度)、総務省認定テレワークマネージャー(2017～2020年度)、三井不動産が展開するシェアオフィス「ワークスタイリング」で「働き方改革、デジタルトランスフォーメーション」のテーマエキスパートを務める（2017年～）など、分野のプロフェッショナルとして活躍中。

本書についての
ご意見・ご感想はコチラ

企業に変革をもたらす

DX成功への最強プロセス

2023年8月10日　第1刷発行

著　者　　小国幸司
発行人　　久保田貴幸

発行元　　株式会社 幻冬舎メディアコンサルティング
〒151-0051　東京都渋谷区千駄ヶ谷4-9-7
電話　03-5411-6440（編集）

発売元　　株式会社 幻冬舎
〒151-0051　東京都渋谷区千駄ヶ谷4-9-7
電話　03-5411-6222（営業）

印刷・製本　中央精版印刷株式会社
装　丁　　弓田和則

検印廃止

Printed in Japan
ISBN 978-4-344-94707-8 C0034
幻冬舎メディアコンサルティングＨＰ
https://www.gentosha-mc.com/